Bienvenue au Wokistan

W0380122

Binge
AUDIO.PROJECT

Avant-propos

Le mot *woke* a récemment envahi l'espace médiatique français: portant initialement l'idée positive d'être "éveillé·e", "conscient·e" des différentes problématiques sociétales qui nous entourent, il a rapidement été détourné par la rhétorique conservatrice et utilisé pour décrédibiliser et attaquer les diverses formes d'engagement d'une génération déterminée à faire de ce monde un monde meilleur.
Chez Binge Audio, le retournement de stigmate a toujours été l'un des points de départ de nos luttes, et il nous a donc semblé important de ne pas abandonner le mot *woke* aux conservateurs de tous poils, et de nous le réapproprier en réaffirmant les valeurs qu'il porte. Des valeurs que, depuis 2016, nous défendons en tant que média, et des luttes que nous soutenons en les partageant à travers nos podcasts. Et compte tenu du grand nombre de questions que nous envoient nos auditeurices après avoir écouté nos programmes, il nous a paru encore plus important de tenter de proposer des éléments de réponse à ces questions. Comment? Tout simplement en allant les poser aux meilleur·es expert·es, qu'iels soient artistes, chercheureuses, journalistes, militant·es.
Ce sont ces réponses que nous publions chaque semaine depuis 2020 dans La Dose, la newsletter de Binge Audio, et c'est une sélection de ces réponses que vous allez découvrir dans *Bienvenue au Wokistan*, à travers des textes d'Aïda N'Diaye, Alexia Boucherie, Catherine Corsini, Cédric Herrou, Christophe Deval, Claire Richard, Diane Saint-Réquier, Étienne Klein, Grace Ly, Illana Weizman, Jane Sautière, Jeanne Burgart Goutal, Julie Pagis, Juliette Rousseau, Kévi Donat, Louise Delavier, Louise Tourret, Mathilde Larrère, Maxime Donzel, Mickaël Labbé, Miguel Shema, Océan, Olympe de G., Pauline Harmange, Rokhaya Diallo, Sam Bourcier, Shirley Souagnon, Sophie Côté, Tal Madesta, Warda Khemilat.
Bienvenue au Wokistan est un livre où tout le monde se parle : celles et ceux qui posent des questions, celles et ceux qui écrivent des réponses et celles et ceux qui les lisent. Comme une manière de rendre vivante cette grande réflexion sur le monde que nous essayons de mener en commun.

L'équipe de Binge Audio

Wokistan
préface d'Alice Coffin

Être la *Bienvenue au Wokistan* et, par la grâce du renversement, passer d'un article subi à une préface revendiquée. *Bienvenue au Wokistan*, cela a d'abord été, pour moi, un titre du *Canard enchaîné*. Celui d'un article dans la lignée des positions pro-Dominique Strauss-Kahn, pro-Christophe Girard, et antiféministes de l'hebdomadaire centenaire. Son contenu confirmait que sa vocation "antipouvoir" battait de l'aile depuis qu'il avait choisi de prendre le parti des puissants, pourvu que ceux-ci fussent des mâles attaqués dans leur virilité. Objet du courroux : j'avais eu l'outrecuidance d'expliquer à Yannick Jadot, candidat à la présidentielle que, en politique soucieux des questions féministes, il aurait été de bon aloi qu'il se désiste au profit de sa concurrente, Sandrine Rousseau (dont la dynamique et les possibilités d'attraction de l'électorat étaient infiniment meilleures). Ces propos-là m'ont valu aussi d'être qualifiée de « toute pétée » dans une chronique dite humoristique d'une rare violence dans la matinale de France Inter.

Au-delà de la concomitance des titres, je cite cet article parce qu'il me paraît très révélateur de ce qu'il se joue en ce moment dans la culture journalistique et politique française. J'ai en permanence l'impression d'être projetée dans mon cours de piano des années 1980. Un soir, un petit camarade, Paul, était mis sur le grill par notre imposante professeure, Mme Broglia. Manifestement peu satisfaite de sa prestation, elle lui demande : « Mais combien de temps tu travailles par jour ? » Lui, sûr de son fait, et persuadé de recueillir des lauriers, dit bravement : « Un quart d'heure ! » J'ai cru que Mme Broglia ne s'en relèverait pas. Souffle coupé, indignée, elle ne parvenait même plus à articuler un mot. Je retrouve ce regard médusé chez nombre de mes interlocuteurs. Ils estiment toujours que mes propos ne peuvent relever que de la provocation.

Ce n'est pas le cas. Sauf à prendre le terme « provoquer » au sens étymologique : appeler, faire venir, faire naître quelque chose.
Oui, **quelque chose naît de ces collisions**. La séquence s'est produite des dizaines de fois. Une essayiste énonce, textes et réflexions à l'appui, des propos sur le féminisme ; face à elle, des individus un peu perdus ricanent. Des cultures très différentes se sont toujours construites dans la sphère intellectuelle et militante. Mais ces cultures ne frayaient pas. Désormais, il y a des intérêts (médiatiques, financiers) à provoquer leur rencontre. Soit le clash de météorites riches de toute leur trajectoire de pensée avec une grosse planète à la mobilité réduite. Cela explose. Logique.

La question est : que faire de ces épiphanies ? Elles peuvent être fécondes à condition qu'on sache les utiliser. C'est tout l'art de l'activisme. Qui vaut autant pour les actions menées que pour les réactions suscitées. C'est la technique des « procès-spectacles » de Gisèle Halimi. Faire défiler à la barre, et sous l'œil des médias, des décennies de théorie et de mobilisation féministes face au conservatisme de la machine politique et judiciaire, et créer ainsi, par le choc de cette confrontation, ce qu'elle nomme aussi des « procès-tribunes ».

Face aux indignations, nul besoin d'élever la voix. Alexandria Ocasio-Cortez le formule bien : elle n'est pas une sauveuse, elle est un miroir. Le miroir de celles qui n'en avaient pas pour se voir enfin représentées en politique. Le miroir aussi de tout un pan de la réalité que certains ont intérêt à dissimuler.
Ce que l'on nomme *woke* répond, pour partie, aux mêmes impératifs que le journalisme. Les politiques ou activistes qui l'incarnent traquent dans le réel ce qui y figurait déjà mais que nulle glace ne pouvait refléter. C'est une extension de l'information. Pourquoi alors tant de résistances et de quolibets ?
Parce que la blessure narcissique de ceux ainsi démasqués est profonde. Outre l'extravagance de demander des comptes aux hommes blancs de pouvoir, j'ai été particulièrement attaquée pour avoir expliqué qu'on pouvait lire autre chose que des livres écrits par des hommes. Cette phrase a été abondamment déformée, vilipendée. Là encore, choc entre deux cultures qui d'habitude ne se rencontrent pas.

Il est un point commun à tous ces chocs : la blessure narcissique de ceux qui ne sont plus le centre du monde. J'ai beaucoup rigolé lorsqu'un chroniqueur d'une émission m'a dit, paniqué : « Mais

alors, moi, vous n'allez pas lire mon livre ???»
J'utilise l'expression «blessure narcissique» à dessein. Elle renvoie à un extrait de l'*Introduction à la psychanalyse* de Sigmund Freud. Il y expose que l'humanité a connu trois blessures narcissiques. Celle infligée par Copernic qui «a montré que la Terre, loin d'être le centre de l'Univers, ne forme qu'une parcelle insignifiante du système cosmique». La deuxième signée Darwin qui «a réduit à rien les prétentions de l'humain à une place privilégiée dans l'ordre de la création». La troisième, initiée par Freud lui-même, a infligé un «démenti à la mégalomanie humaine par la recherche psychologique qui se propose de montrer au moi qu'il n'est pas maître dans sa propre maison».
Conséquences, explique Freud: une «levée générale de boucliers», «l'oubli de toutes les règles de politesse académique», «le déchaînement d'une opposition».
Une situation que nous connaissons bien. Il est d'ailleurs intéressant que Pierre Bourdieu ait estimé, en 1992, dans *Réponses*, qu'il existait désormais une quatrième blessure narcissique infligée à l'humanité: la sociologie. Or, Bourdieu est souvent désigné, par exemple lors d'un colloque contre le wokisme tenu en Sorbonne, comme l'un des maîtres des woke.

Ce qui est exposé dans chacun des textes de cet ouvrage, ce que tentent de faire les féministes, les antiracistes et les mouvements dénonçant des normes autres que masculines ou blanches, c'est, à l'instar de ces quatre disciplines (les sciences de l'Univers, du corps, de la psyché et des parcours de vie), **de démonter une imposture**. Pas celle de l'homme blanc en tant que tel mais l'imposture de ses productions qui se veulent universelles. L'imposture d'une littérature, d'une politique, d'une médecine qui s'adresseraient à tous et toutes et n'adoptent, en réalité, le prisme que d'une partie de l'humanité. Cette partie-là est vexée bien sûr. Et légèrement en panique.

Paris, février 2022

Un prénom pour la vie ?

Océan

Auteur, comédien, réalisateur, Océan sait mieux que quiconque le poids que peuvent avoir les assignations. Sa transition, il l'a documentée sans tabous dans la série *En infiltré·e·s* (Canal+, 2019 et 2021) et en a tiré une force incroyable et communicative.

Que faire du prénom assigné à la naissance? Quand j'ai pris la décision d'entamer une transition hormonale s'est très vite posée la question du prénom; faire une transition de genre implique souvent de se renommer soi-même.

La question s'est d'abord posée d'un point de vue purement pratique: mon apparence physique allait changer, j'avais besoin qu'on me perçoive comme un homme dans l'espace public, il fallait changer ce prénom particulièrement féminin, pas le choix. J'ai hésité avec Paul en hommage au saint et à Claudel, mais c'était déjà pris par Preciado, ça aurait fait *fan de*. J'ai choisi Océan: a priori j'étais seul sur le créneau, tant qu'à être mégalo autant y aller à fond.

Mais peu à peu, un sens plus profond à cette démarche m'est apparu: **changer de prénom, c'est se réapproprier soi-même**. C'est reprendre le pouvoir, sortir des assignations. C'est rompre, ou pas, avec nos origines pour s'offrir un nouveau départ; certaines personnes diront «une nouvelle naissance»: cette expression ne me parle pas et j'ai choisi, moi, de garder un lien avec mon prénom de naissance en enlevant simplement le *e* final qui le féminisait. C'était comme si je corrigeais simplement une petite erreur de mes parents, tel un prof de français qui barre au stylo rouge, d'un geste rapide et bienveillant, une faute d'orthographe sur la copie d'un élève distrait. Pas de seconde naissance pour moi, mais plutôt un continuum, une suite logique, une mise à jour. C'était ma façon de ne pas tout rejeter en bloc – j'avais déjà excommunié mes second et troisième prénoms – mais plutôt de reprendre la main. Décider pour moi-même, me libérer des autres sans les abandonner, essayer en tout cas.

Selon leur relation intime à leurs origines et à leur famille, certaines personnes trans demandent à leur parents de choisir leur nouveau prénom, quand d'autres, à l'inverse, choisissent à dessein un prénom éloigné de l'originel et sans demander l'avis de personne. Fuck la famille. Ou tout du moins tentative de fuck, puisque comme son nom l'indique la famille siège dans le nom de famille, et pas le prénom – il y a d'ailleurs des personnes trans ou pas trans qui changent leur nom de famille, quand les parents sont trop lourds à porter.

On associe souvent aux personnes trans cette démarche de changer – ou pas – de prénom, comme si ça nous était réservé. Moi, je pense que tout le monde devrait se poser la question. Parce que toutes et tous, nous avons grandi avec les projections de la société et de nos parents, dont le poids est bien lourd parfois, et

Maboula
Joël
Mohammed
Fatima
Juliette
Soraya
Sophie-Marie
Fleur
Lorraine
Kevin
Dorali
Paul-Edouard
Rokhaya
Océan

y être fidèle ou pas devrait toujours être un choix.
Dans leurs livres, Maboula Soumahoro, Rokhaya Diallo ou encore Fatima Daas parlent de leurs prénoms, de ce qu'ils charrient et provoquent, de ce qu'ils racontent de l'histoire dont elles ont hérité. Dans leurs cas, être fières de leur prénom m'apparaît aussi comme un geste de réappropriation, dans notre beau pays où le racisme ne se prive d'aucune occasion pour frapper : comme si elle le re-choisissaient pour elles-mêmes, une deuxième fois, comme si leur façon à elles de changer de prénom était justement de garder celui-là. Certaines personnes trans font de même et gardent leur prénom de naissance, façon de dire au monde : non, je ne collaborerai pas à votre idéologie mesquine et mensongère où le sexe serait aligné avec le genre, qui serait lui-même aligné avec une liste bien précise de gestes, de performance de genre et bien sûr de prénoms séparés en deux colonnes immuables. On fout le bordel, on vous emmerde, je suis un mec, je garde Juliette.
Le prénom est performatif ; l'énoncer est une action ; à chaque fois qu'on le prononce on se dit soi-même. Ça concerne tout le monde ça, non ? Pourtant, cette question du prénom travaille surtout les personnes qui subissent des oppressions de genre, de race et de classe. Les Marc-Édouard et les Églantine ne pensent pas à changer de prénom même s'il leur fout un peu la honte en soirée. Le max de leur démarche sera de se trouver un pseudo cool s'ils décident de faire carrière dans la musique électronique à l'instar de feu les Daft Punk. En revanche, les Kevin hésiteront, eux, à tort ou pas, à envoyer leur manuscrit chez Gallimard avec leur prénom de naissance ; sauf si leur livre s'appelle *Audincourt usine Peugeot : ma vie en enfer*, puisque les Kevin savent aussi après tout que la pauvreté peut être un business pour le grand capital.
En définitive, on n'échappe pas à sa classe ni à ses origines ethniques : les Sylvie et Jérôme de parents asiatiques ou africains subissent également le racisme, même s'il jaillit moins vite avant un entretien d'embauche que pour les Mohammed. De la même manière, mon choix de m'appeler Océan raconte aussi mes privilèges de bourgeois blanc : j'ai l'habitude qu'on tique sur mon prénom, qu'on s'y arrête, qu'on me scrute ; mon aisance sociale est suffisamment grande pour que je puisse soutenir ces regards sans ciller quand on me demande si c'est mon "vrai" prénom. Question stupide. Comment un prénom pourrait-il être plus vrai que celui qu'on a choisi pour soi-même ?

Mon prénom me ressemble et je l'ai mérité, après toutes ces batailles administratives et ces humiliations, où mes employeurs et mes proches ont dû témoigner devant la loi que tout cela était bien vrai, comme si ma chargée de prod ou ma BFF étaient plus fiables que moi-même pour dire qui je suis. Je le mérite comme j'ai mérité mon torse plat après le scalpel, le virement bancaire et la cicatrisation. Mon torse est-il vrai ? Mon pote, je l'ai taffé depuis Jour 1, t'as pas idée comme il est réel.

Parfois, et même souvent, changer de prénom et de genre est une façon d'échapper à la violence cis-hétéro-patriarcale. Il arrive qu'entendre nos prénoms de naissance crée un second écho, inaudible pour les autres, où résonnent les viols, les coups et les humiliations qui y sont associés. **Se renommer, c'est aussi faire taire cet écho sombre.** C'est s'autoriser une vie plus douce où entendre son prénom devient une caresse, ou juste rien, rien d'autre que ce mot, le silence bienfaiteur de l'écho disparu. Le prénom de l'enfant blessé a disparu, le nouveau prénom agit comme une armure magique, une mise à l'abri où l'enfant peut enfin se reposer.

À toutes les personnes cisgenres je voudrais dire : vous aussi, choisissez votre prénom, ne considérez rien comme immuable, surtout quand il s'agit de vous-même. Nous sommes toutes et tous en mouvement et c'est ce qui nous arrive de mieux.

Alors, prenez vos libertés, allégez-vous des patronymes et surtout, avec nous, foutez le bordel, faites la révolution !

→ Pour aller plus loin

À lire • *Un appartement sur Uranus*, un essai de Paul B. Preciado (éd. Grasset, 2019)

À lire • *La petite dernière*, une autofiction de Fatima Daas (éd. Noir sur Blanc, 2020)

À lire • *Le Triangle et l'Hexagone. Réflexions sur une identité noire*, un essai de Maboula Soumahoro (éd. La Découverte, 2020)

À lire • *Appelez-moi Nathan*, une BD de Catherine Castro et Quentin Zuttion (éd. Payot, 2018)

À voir • *Petite fille*, un documentaire de Sébastien Lishfitz (2021)

Doit-on lire Zemmour ?

Rokhaya Diallo

Journaliste, autrice, réalisatrice de documentaires et chroniqueuse, Rokhaya Diallo est sur tous les fronts. Normal, il y a tant de combats à mener. Elle le fait avec une force et une intelligence qui suscitent l'admiration. Elle vient de publier le livre *Kiffe ta race* (co-édition Binge Audio Éditions et First), adapté du podcast du même nom qu'elle a créé avec Grace Ly.

On me demande s'il faut lire Zemmour, et s'il faut débattre avec lui. Exceptionnellement pour Binge Audio, j'ai accepté d'évoquer Éric Zemmour. Généralement, je m'abstiens, car j'estime que chacune de ses prises de parole, aussi abjectes que volontairement outrancières, contribuent à la construction de son image. Si on ne comprend pas cela, on ne peut ni saisir ce personnage, ni mesurer sa dangerosité. Zemmour se repaît de commentaires scandalisés. Chaque protestation nourrit sa visibilité et renforce les convictions de ses supporters pour mieux asseoir son statut savamment étudié d'anti-politiquement correct.

Par le passé, j'ai eu l'occasion de débattre avec Éric Zemmour à deux reprises, et chacune d'entre elles a donné lieu à des polémiques. La dernière fois, en 2010, il a asséné sans sourciller que « la plupart des trafiquants sont noirs et arabes ». Après cet échange, qui a davantage nourri le buzz et les anathèmes dirigés de part et d'autre qu'enrichi le débat public, j'ai pris la décision de ne plus débattre avec lui. Pour autant, je n'ai pas renoncé à confronter mes idées à la contradiction ; je refuse simplement de promouvoir une carrière construite sur l'énonciation incessante de contre-vérités suffisamment scandaleuses et insultantes pour électriser le débat, et en orienter les termes.

Même si la question de la normalisation des idées d'extrême droite dans l'espace médiatique m'habite toujours (dans quelle mesure ne suis-je pas l'alibi qui justifie leur présence ?), je ne peux que constater le fait que cette parole existe à cet endroit, indépendamment de ma propre contribution.

Ainsi, mes motivations à ne pas discuter ses propos sont les suivantes : Premièrement, nous offrons à chaque fois à Zemmour une publicité inespérée en nourrissant sa posture de nos indignations incessantes.

Deuxièmement, il n'a que faire de l'exactitude de ses propos, plus c'est gros plus ça passe. Le fait est que, **pour déconstruire un mensonge grossier énoncé en quelques secondes, il faut mobiliser beaucoup de temps, de pédagogie et de ressources intellectuelles**. Et le temps, c'est précieux.

Enfin, répondre à de telles absurdités, c'est les valider. Si l'on accepte le fait qu'il soit légitime de débattre de la francité de tel ou tel prénom, on fait pénétrer dans le débat national une problématique inepte. Pourquoi devrais-je prouver à qui que ce soit que mon prénom est digne de la France ? En parler confère à Zemmour la faculté d'imposer ses thèmes et d'enjoindre chacun·e à s'engager sur un terrain visqueux. Il s'agit d'une opération consciente de pollution du débat public, qui nous détourne de sujets qui méritent une véritable attention.

Toutefois, ces observations concernent l'hypothèse de débatteureuses de mauvaise foi, ou installé·es dans une posture volontairement spectaculaire, c'est-à-dire dénuée de toute volonté d'échange.
Depuis plus d'une décennie, dans le cadre de mes activités de journaliste, je prends part à de nombreux débats, souvent en présence de personnes dont les idées sont radicalement opposées aux miennes voire heurtent mes convictions. Si je me prête à ces discussions, c'est à trois conditions. La première, c'est **qu'elles s'inscrivent dans un cadre respectueux** en présence d'une personne assurant une modération et garantissant donc ma prise de parole (ce qui n'empêche pas mes interlocuteurs – masculins la plupart du temps – de ne cesser de m'interrompre…). La deuxième condition est liée au **caractère public de l'échange**. En effet, mon but n'est pas tant de convaincre mes opposants que de pouvoir exposer mon point de vue auprès d'un public large, et donc de personnes susceptibles d'être intéressées par mes analyses. C'est cette raison qui guide ma détermination à m'exprimer. Enfin, **ces échanges ont lieu dans un contexte professionnel**, c'est-à-dire qu'ils sont régis par des contrats de travail. Je n'aurais pas la patience d'endurer de tels débats dans ma vie privée, car je tiens à préserver ma tranquillité quotidienne en conservant une sphère intime sereine.
Cela signifie – et ce, quel que soit le contexte – que, lorsqu'on accepte d'engager une conversation avec une personne dont les idées sont en contradiction avec nos valeurs profondes, il faut avoir la certitude que cela ne mettra pas en danger notre santé mentale. Lorsque l'on est personnellement concerné·e par l'homophobie, le sexisme, le racisme ou toute autre forme d'oppression, l'échange sur ces sujets ne se réduit pas à une simple joute puisqu'il questionne la légitimité même de notre dignité humaine. Et cela peut présenter un coût mental conséquent. Rien ne nous oblige donc à l'accepter.

On peut également se demander s'il est nécessaire de lire la prose des personnes qui défendent des idées contraires aux nôtres. Pour moi, la réponse est oui. À titre personnel, je m'attelle à cet exercice, car je l'estime nécessaire pour affûter mes arguments et en identifier les faiblesses voire les angles morts. Connaître l'état de l'opinion des conservateurs m'aide aussi à appréhender de manière plus fine l'environnement idéologique dans lequel j'évolue.

Avant d'accepter de débattre avec une personne dont les idées sont en contradiction avec nos valeurs profondes, il faut avoir la certitude que cela ne mettra pas en danger notre santé mentale.

Par ailleurs, j'ai remarqué que mes adversaires mobilisaient souvent le registre de la caricature pour s'opposer à moi, ce qui peut fonctionner à distance mais pas dans un débat en face-à-face. Le fait de connaître précisément les arguments adverses me permet même de devancer leurs affirmations. Ainsi, face au rédacteur en chef de *Valeurs actuelles*, dans un débat portant sur la publication d'une fiction très controversée mettant en scène la députée Danièle Obono, je ne me suis pas contentée de critiquer le dessin dégradant censé la représenter (qui avait d'ailleurs largement circulé). Ayant pris soin de lire le texte, j'étais en position de développer une série d'arguments précis pour expliquer ce qui, dans ce texte, était sexiste et raciste.

Toutefois, c'est mon choix. Comme pour les débats, la lecture de propos parfois violemment offensants peut nuire à notre confort mental. Et qu'il s'agisse de lire ou de débattre, le premier critère doit rester notre bien-être.

→ Pour aller plus loin

À voir • *The great debaters*, un biopic de Denzel Washington (2007)
À lire • *Manuel de guérilla médiatique*, un essai de Raquel Garrido (éd. Michel Lafon, 2018)
À lire • *Le pouvoir rhétorique*, un essai de Clément Viktorovitch (éd. du Seuil, 2021)
À lire • *Zemmour contre l'histoire*, un essai écrit par un collectif d'historien·nes (éd. Gallimard, 2022)
À écouter • On peut plus rien dire #04 – *L'indignation mène-t-elle à droite ?*, un podcast de Judith Duportail (2021)

Confronter son pote violeur ?

Louise Delavier

Louise Delavier est porte-parole de l'association En avant toute(s) qui lutte contre les violences sexistes et sexuelles. Elle a l'habitude de traiter des questions aussi sensibles que difficiles, et de trouver des réponses concrètes.

Quelle attitude adopter quand on découvre que son meilleur ami est un violeur? Cette question est très douloureuse. La poser, c'est déjà faire preuve d'un grand courage, parce que ce n'est pas facile d'y faire face. C'est pourtant une question fréquente à laquelle nous sommes souvent confronté·es, à En avant toute(s).
Il n'y a pas de réponse évidente à cette interrogation. On peut commencer par tenter de se positionner sur quelques questions principales, qui pourront aider à prendre une décision sereine: Comment rester ami·e avec lui? Qu'est-ce que ça me coûte, de le confronter? Qu'est-ce que cela raconte de la société, de moi?
Ce qui est difficile dans cette situation, c'est le fait de devoir associer un être aimé à un acte de violence. Comment a-t-il pu faire ça? Est-ce qu'il s'en est rendu compte? La première réponse que l'on est tenté·e d'apporter est celle de l'incrédulité, du déni: «Il y a forcément une erreur, une explication.» C'est normal et humain de chercher une légitimation à des actes qui nous blessent. Cela fait partie du chemin vers la compréhension des faits, qui mène à la résilience. Car, oui, c'est très dur de concevoir qu'une personne qu'on aime ait pu faire autant de mal à quelqu'un. C'est une phrase que l'on entend très souvent de la part des victimes et des témoins de violences.

Ce "double visage" (celui de "l'ami" d'un côté, et celui du "violeur" de l'autre) est également un fait connu et récurrent. Attention, ce que je vais dire peut être difficile à lire, mais c'est une réalité courante que nous rencontrons: on peut parfaitement être une personne drôle, charmante, sensible, douce, secourable, et violer quelqu'un en se montrant persuasif, culpabilisant, indifférent, violent. L'un n'empêche pas l'autre, et c'est bien cette coexistence qui est très compliquée.
C'est un questionnement que l'on peut amorcer: qu'est-ce que cela nous fait de connaître ce visage-là de cet ami? Peut-être allons-nous considérer que c'est une facette qu'on ne peut pas accepter et choisir de poser une limite: vouloir une explication, espacer nos rencontres, ne plus le voir... Peut-être aussi que nous ne sommes pas prêts à renoncer à cette amitié, que nous avons besoin de lui en parler. On pense souvent que mettre des limites signe l'arrêt de mort de la relation, qu'on va nous détester parce qu'on a dit «non». La bonne nouvelle, c'est que les gens acceptent généralement très bien les limites; d'ailleurs, une personne qui les refuserait ne mérite sans doute pas la confiance qu'on lui accorde, ni le temps qu'on lui dédie.
Arriver à poser ces questions, ces limites, ça peut prendre du temps,

et c'est normal. Souvent, on redoute que notre ami violeur "sache qu'on sait", ou qu'il nie, et cette peur est tout à fait légitime. J'ai discuté sur le tchat de l'association* avec une personne qui a été dans la même situation : en confrontant son ami, elle s'est aperçue qu'il minimisait éhontément son acte et accusait la victime qui était, selon lui, une « fille perdue », une « allumeuse qui ne se respectait pas ». Son ami se disait pourtant proféministe et manifestait tous les 25 novembre contre les violences sexistes et sexuelles. Cette découverte a été brutale pour elle. Pour autant, comprendre et se confronter à lui l'avait paradoxalement soulagée, car elle a pu prendre sa décision sur des bases claires. Elle a eu besoin de cette confrontation pour être en accord avec son choix. Alors, peut-être qu'on peut aborder les choses ainsi : « Ce n'est pas facile à dire, mais j'ai besoin qu'on parle de ce qui s'est passé avec cette personne » ou « Je suis très mal à l'aise avec cette situation et je ne sais pas comment te le dire. » En réalité, on a le droit d'aborder la question comme on le sent en fonction de nos émotions : frontalement, de manière détournée, à l'oral, par une lettre… et on a le droit d'être en colère. C'est à nous de décider.

Enfin, on peut se demander comment concilier son positionnement féministe lorsqu'il entre en contradiction avec les sentiments que l'on éprouve pour un ami qui a violé, quand on a envie de pardonner ou d'oublier ce qui s'est passé. Là aussi, ce n'est pas évident, et y faire face demande beaucoup de courage. **Devenir féministe et accepter de voir le monde par le prisme du patriarcat, c'est souvent devoir changer de regard sur ses expériences, sa vie et… sur son entourage.** Il n'y a pas un·e féministe qui ne se soit pas mis·e à observer différemment les actes d'un ami, d'un frère ou d'un père. C'est pourquoi l'engagement féministe doit s'accompagner de soin émotionnel ; car ça ne fait jamais "rien". Cela ne fait jamais "rien" de savoir que des proches participent, consciemment ou non, à un système qui nous met en danger et que l'on dénonce. Alors, non, ça ne fait pas de nous de mauvais·es féministes, si on doute. Être féministe, c'est aussi accepter de douter. C'est accepter

* En avant toute(s) a mis en place un tchat anonyme et gratuit dédié à la lutte contre les violences sexistes et sexuelles, particulièrement au sein du couple et de la famille. Il est disponible à l'adresse www.commentonsaime.fr. Ce genre de question peut tout à fait y être posé.

de regarder des vérités difficiles. Et c'est accepter que, quelquefois, les implications de cette lutte n'ont rien d'évident.

Tous ces questionnements sont difficiles, et ce n'est pas grave d'avoir besoin d'un peu de temps et de décider de faire comme si de rien n'était pendant un moment. On a le droit de prendre le temps d'explorer nos émotions. On peut choisir de prendre ce temps seul·e, d'en parler à des proches, ou de faire appel à un·e professionnel·le qui nous aidera dans ce moment de doute et de peur.
En tous les cas, le choix que nous ferons est tout à fait légitime, et nous sommes en droit de le faire évoluer au fil du temps – comme pour toutes nos relations – de manière à garantir notre sécurité et notre bonheur.

→ Pour aller plus loin

À voir • *I may destroy you*, une série de Michaela Coel (2020)
À voir • *Comme si de rien n'était*, un film d'Eva Trobisch (2018)
À lire • *Zéro virgule neuf pour cent*, un récit de Jeanne Broucq, (éd. Les Avrils, 2021)
À lire • *Les ravagée(s)*, un roman noir de Louise Mey (éd. Fleuve, 2016)
À lire • *Une culture du viol à la française*, un essai de Valérie Rey-Robert (éd. Libertalia, 2019)

Urgence climatique, que faire ?

Juliette Rousseau

Coordinatrice de la Coalition Climat 21 en 2015 et militante de terrain, Juliette Rousseau est aussi l'autrice de l'excellent ouvrage *Lutter ensemble* paru aux éditions Cambourakis en 2018. Elle est la preuve vivante que chacun·e d'entre nous peut mettre ses mots en action.

Je ne me suis jamais sentie emballée par la lutte contre le dérèglement climatique. Ce qui est assez cocasse car, en 2015, au moment de la COP21 à Paris, du point de vue médiatique et politique, j'étais LE visage du militantisme climat. À l'époque, je coordonnais les mobilisations de la société civile en marge du rassemblement officiel. Ça n'a peut-être l'air de rien, mais c'était énorme : des années de travail, des milliers d'organisations mobilisées à travers le monde et finalement rassemblées à Paris, des centaines de milliers de personnes dans les rues du monde entier. Évidemment, dans les interviews ou les discussions informelles, j'évitais de parler de mon rapport à la cause climatique, mais je peux maintenant l'avouer : même à ce moment-là, je n'étais pas convaincue par le climat comme angle d'attaque de nos luttes.

Nous savons toutes et tous que la situation est catastrophique, que parmi les scénarios établis par les scientifiques, nous allons vers les pires. Nous savons aussi que, de par le monde, de nombreuses populations souffrent déjà des conséquences des dérèglements climatiques, qu'une partie exponentielle des migrations mondiales leur sont dues, que certains pays, certaines régions vont disparaître au cours du siècle. Nous savons pour les catastrophes climatiques, pour les famines, pour les guerres. Nous savons tout ça. Mais je crois que, lorsque l'on vit en France, a fortiori en milieu urbain, ce savoir reste éminemment théorique. Et, en tant que militante, s'il y a une chose dont je suis désormais convaincue, c'est que **ce n'est pas le savoir théorique qui nous pousse à lutter, mais ce que nous ressentons profondément, ce qui nous tord les tripes. Notre savoir nous outille, mais ce sont nos affects qui, le plus, nous mettent en mouvement**.

Pendant longtemps, j'ai pensé que le climat pouvait néanmoins être une porte d'entrée vers d'autres luttes : les dérèglements climatiques sont avant tout les symptômes d'un système qui dysfonctionne au point d'en devenir mortifère. Rien de nouveau là-dedans. Reconnaître l'existence du chaos climatique à venir et de ses conséquences, c'est potentiellement se saisir d'autres luttes : contre les frontières, contre l'extractivisme et le colonialisme, contre le patriarcat et les féminicides (les femmes étant, dans le monde, aux avant-postes de la crise climatique), contre l'annihilation des cultures autochtones, qui sont pourtant celles qui ont su le mieux préserver les biotopes dans lesquels elles vivent, ou d'autres encore. Mais force est de reconnaître que ces jonctions sont encore faibles, et que l'on n'a

pas vu le mouvement climat soutenir en masse les manifestations pour la régularisation des personnes sans papiers, ni faire le lien avec la lutte contre les violences sexuelles. Mon raisonnement était attrayant, mais il se cassait les dents sur les faits : les solidarités aussi sont longues à tisser.

Et puis, au lendemain de la COP21, j'ai décidé de quitter la ville et de rentrer chez moi, à la campagne. Une campagne anonyme, que j'avais fuie dès que j'en avais eu l'occasion. Une de ces campagnes défigurées par l'agriculture industrielle, un de ces nombreux lieux où l'on “nourrit le monde” en détruisant la terre qui nous a vu·es naître. Y revenir, c'est accepter d'être à nouveau en prise avec ce que la ville me permettait de fuir : l'expérience du dérèglement des saisons, de la disparition de la biodiversité, de la bétonisation croissante des terres, de la destruction du bocage, de la mise au pas du vivant et de sa marchandisation. Et pas de façon théorique ; je parle ici de la destruction de ce avec quoi j'ai grandi : les arbres dans lesquels je me réfugiais, les ruisseaux où je jouais à construire des barrages. C'est l'expérience de ce deuil qu'il m'a fallu faire en revenant chez moi.

Et pourtant, dans tout cela, il y a aussi une forme de persistance: celle des espèces que je connais depuis l'enfance et qui survivent dans les interstices. La profusion d'oiseaux qu'héberge le moindre massif d'arbres. Et surtout, il y a aussi la possibilité de la résistance: squatter des fermes, reprendre des terres, construire des espaces d'accueil et de solidarité, produire ensemble de quoi ravitailler les luttes. Autant de façons d'être en prise avec la voie que suit ce monde, de se tenir droit·es et fermes à l'endroit de territoires que l'on habite réellement, affectivement. **Le climat souffre de notre trop grande déconnexion du vivant**, de notre incapacité à ressentir profondément ce que nous faisons au monde, la place que nous y occupons.

Alors résister commence peut-être par là: chercher à rétablir cet attachement réciproque qui nous met au monde et nous y maintient en vie, en joie.

→ Pour aller plus loin

À voir • *Marcher sur l'eau*, un film d'Aïssa Maïga (2021)
À voir • *Notre planète*, une série documentaire de David Attenborough (Netflix, 2019)
À voir • *Tout est possible*, un documentaire de John Chester (2019)
À lire • *Quel monde voulons-nous ?* un essai de Starhawk (éd. Cambourakis, 2019)
À lire • *Tout peut changer*, un essai de Naomi Klein (éd. Actes Sud, 2016)
À lire • *Le monde sans fin*, une BD de Jean-Marc Jancovici et Christophe Blain (éd. Dargaud, 2021)
À lire • *Reclaim*, un recueil de textes écoféministes réunis par Émilie Hache (éd. Cambourakis, 2016)
À lire • *Carbone et Silicium*, une BD de Mathieu Bablet (éd. Ankama, 2020)
À écouter • *Sismique*, un podcast de Julien Devaureix
À suivre • *Bon pote*, le compte Instagram de Thomas Wagner

Toutes misandres ?

Pauline Harmange

Globe-trotter des masculinités fragiles, comme elle le dit elle-même, Pauline Harmange est l'autrice du très remarqué *Moi les hommes, je les déteste* (éd. du Seuil, 2020). Un texte d'une grande justesse qui lui a valu une menace de censure.

La misandrie n'a jamais eu autant la cote. On en parle, on en écrit des livres, on n'en rit plus tellement. Le sujet ne peut pas laisser de marbre. Il serait question de détester les hommes ! Après des décennies passées à les rassurer, à les accueillir à bras ouverts et à policer notre image pour ne pas paraître trop extrêmes, femmes, minorités de genre et féministes osent dire aujourd'hui : « Non, je n'aime pas les hommes » – voire, pire : « Je les déteste. »
Une telle affirmation, par sa radicalité, fait forcément jaser. C'est vrai qu'on parle beaucoup de misandrie en ce moment, alors on a peut-être l'impression en effet que c'est un sentiment "qui monte". Une montée de la misandrie, comme on parle de montée de l'extrémisme. On n'utilise pas cette expression de manière anodine. C'est vrai que ça fait peur. Et si les femmes devenaient toutes misandres ? Les hommes tremblent à cette idée.
Bien.
Tremblez.

Si le mot « misandrie » est maintenant plus connu et plus usité, ça ne veut certainement pas dire que les émotions qu'il recouvre n'existaient pas auparavant. Simplement, elles ne disaient pas leur nom, elles n'avaient pas de contours. On était nombreuses à se sentir tour à tour méfiantes, mal à l'aise, exaspérées ou en colère en présence d'hommes, sans parvenir à nommer ces sentiments, sans toujours comprendre leur origine. Mais la colère était là. Ne vous méprenez pas, ne pensez pas qu'elle jaillit de nulle part, torrent sans source, fumée sans feu. Qu'il suffirait de supprimer le mot pour arrêter le mouvement. **La seule chose qui a changé, c'est que cette colère a désormais un nom, et qu'elle rassemble, dans le monde entier.**
Ce qui a changé, c'est qu'on est prêtes aujourd'hui à considérer les hommes comme un groupe, comme une classe sociale. Il est plus facile de comprendre pourquoi tous les hommes (cisgenres) bénéficient du système patriarcal. De constater que tout ce qu'on a obtenu, c'est à la sueur de nos fronts, dans le sang même parfois, et pas parce que les hommes nous ont gracieusement fait cadeau d'une ou deux miettes de droits. Et il est flagrant que la route reste encore longue.
Comment ne pas être misandre, quand en 2022 les victimes de violences sexuelles qui prennent la parole sont encore et toujours moquées, dénigrées, traitées de menteuses, de folles et de vénales ? Comment ne pas être misandre, quand tient encore debout le boys' club qui permet à des hommes accusés de violences sexuelles (et tenant par

ailleurs des propos racistes ou homophobes) de devenir ministre dans un pays, président ou juge de la Cour suprême dans un autre ? Comment ne pas être misandre, quand rien ne semble bouger vraiment ?

Il n'y aura plus de misandrie le jour où il n'y aura plus de solidarité entre les hommes qui violent et ceux qui ne violent pas, ces mêmes hommes qui tiennent à assurer les violeurs de leur amitié. Comment leur faire confiance ? Il n'y aura plus de besoin viscéral de nous protéger des hommes quand ils ne se serreront plus les coudes pour protéger leurs propres intérêts. Comment croire à leur sincérité ? Quand il n'y aura plus de violences sexuelles, ni de système pour les minimiser, les

excuser, les faciliter, quand il n'y aura plus d'hommes qui usent de leur pouvoir pour décider du sort de nos corps, de nos avenirs et de nos libertés, on verra la misandrie disparaître d'elle-même.
En attendant : tremblez.
Cette colère qui gronde est nécessaire, salutaire. Mettre en mots ce qui nous anime, c'est une manière de se l'approprier, et de le canaliser. Avec cette colère contre les hommes, contre ce qu'ils représentent, les travers de leurs comportements inhérents à la masculinité qui les a formés et dont ils ne veulent que trop rarement se défaire, les femmes avancent. Elles se libèrent. Oui, ça veut dire que les choses vont bouger. Les hommes ne vont plus pouvoir prendre les femmes pour acquises. Ni leur sexe, ni leur amour, ni leur amitié, ni leur travail domestique. **Rien, rien ne vous est dû.** Il va falloir commencer à mériter. Et pour ça, il va falloir changer.
Oui, on verra peut-être de plus en plus de femmes se revendiquer de la misandrie. Tant mieux. C'est la preuve de deux choses : d'abord, que les hommes ne remplissent toujours par leur part du contrat social pour garantir le vivre-ensemble, ensuite que les femmes n'ont plus peur de le leur reprocher. C'est un ultimatum.

Si la misandrie vous fait peur, c'est le moment de tendre l'oreille pour écouter les voix des femmes, puis de regarder à l'intérieur pour comprendre pourquoi vous tremblez. C'est le moment de changer.

→ Pour aller plus loin

À écouter • *La grenade*, une chanson de Clara Luciani (2017)
À lire • *Les Orageuses*, un roman de Marcia Burnier (éd. Cambourakis, 2020)
À lire • *Le sexisme, une affaire d'hommes*, un essai de Valérie Rey-Robert (éd. Libertalia, 2020)
À voir • *Queens*, un biopic de Lorene Scafaria (2019)
À voir • *Mustang*, un film de Deniz Gamze Ergüven (2015)

Pourquoi les bad boys ?

Maxime Donzel

Journaliste, réalisateur du documentaire *Tellement gay !* et co-auteur du mythique *Tutotal* sur Arte, Maxime Donzel est un expert de la pop culture. Dont il sait raconter l'histoire dans un monde en mouvement.

On entend souvent dire que les femmes sont plus attirées par les bad boys que par les mecs gentils, et cela fait écho à un très vieux cliché de la culture populaire. De *Grease* à *Superbad*, les films ressassent ce leitmotiv de la séduction hétérosexuelle : les femmes auraient une attirance démesurée pour les bad boys. À en croire le cinéma et les séries, les femmes se griffent les seins de désir dès qu'elles croisent le moindre petit criminel, osant laisser sur le carreau des hordes de gentils garçons bien sous tous rapports. Même Buffy se désole de son attirance répétitive pour ces hommes qui sont littéralement des vampires-démons issus de la bouche de l'enfer, ce qui lui cause moult désagréments, ne pas pouvoir faire un pique-nique au soleil avec son mec n'étant pas l'un des moindres. **Rappelons d'abord que rien ne prouve que les femmes soient plus attirées par les bad boys**, et la journaliste Girl on the Net s'est d'ailleurs chargée en 2016 dans *The Guardian* de tordre le cou aux tentatives d'explication scientifique de ce "phénomène". Alors, s'il n'est pas scientifique, d'où vient ce concept de sexy bad boy ?

Après guerre, deux figures font irruption dans un cinéma américain jusque-là plutôt porté sur les personnages d'hommes qui respectent la loi : incarnés par James Dean dans *La fureur de vivre*, et Marlon Brando dans *L'équipée sauvage*, les personnages de jeunes délinquants fascinent le public, comme les héros des livres de Jean Genet, attirants parce qu'insoumis aux règles de la société. Le jeune criminel devient un objet de fantasme : prenant des risques car n'ayant pas grand-chose à perdre, ces jeunes hommes qui transgressent les règles ont généralement eux-mêmes subi l'injustice et deviennent des héros romantiques. Dans un article sur la virilité à l'écran, l'historien Antoine de Bæcque dit ainsi au sujet de Brando dans *L'équipée sauvage* que « sa beauté, aussi époustouflante que soufflée, gonflée, répond à ce besoin d'affirmation de soi par la confrontation à l'extrême danger quotidien ». De plus, quels que soient l'époque ou le lieu, les délinquants ont souvent une culture propre, une mode, des musiques, un vocabulaire, qui participent à la fascination érotique qu'ils exercent. Que certaines femmes et certains hommes puissent être sexuellement attiré·es par des bad boys est donc parfaitement compréhensible ! Dans les cas les plus extrêmes, ce fétichisme pour les personnes qui ont commis des crimes s'appelle l'hybristophilie et permet à certaines personnes incarcérées de rencontrer l'amour par correspondance.

Il n'est donc pas surprenant que cette préférence pour les bad boys puisse faire naître du désarroi chez certaines personnes : ces cultures sont souvent machistes, et le monde de la virilité criminelle, décrit par l'historien Dominique Kalifa dans un article d'*Histoire de la virilité*, s'accompagne souvent d'une misogynie comme dans [vous pouvez compléter par n'importe quel film de gangster] : « La société des mauvais garçons, dit-il, cultive de longue date une masculinité spécifique, brutale, exclusive. » De plus, on peut suspecter que nos regards perçoivent une aura virile chez ces hommes parce que le patriarcat nous a appris à associer la douceur, l'esthétisme et l'émotion au féminin, et il est ironique de voir dans Paris des salons de coiffure pour hommes se baptiser les Mauvais Garçons, comme s'il fallait absolument compenser virilement une incartade dans le monde du froufrou...

Si l'on se pose la question du bad boy, il me semble important de se demander aussi qui est vraiment le good boy. Le film *Colossal*, avec Anne Hathaway, apporte un élément de réponse : l'acteur Jason Sudeikis y incarne le good boy, l'ami inoffensif qui vient sauver l'héroïne de sa vie dissolue et de ses amants nocifs, autre cliché éculé de la pop culture. Sauf que ce personnage se révèle toxique, manipulateur et même carrément monstrueux. Il est donc préférable d'éviter de s'auto-désigner "mec gentil", même si l'on est qualifié ainsi par d'autres ! Je suis à cet égard fasciné par une phrase du film *Le cercle des poètes disparus*, où un personnage se désole : « Les meilleures filles ne s'intéressent qu'aux connards. » En disant cela, il sous-entend qu'il ne resterait aux bons garçons que... des filles « moins bien » ? Cette phrase démontre clairement que ce garçon a lui-même un caractère de connard. C'est un exemple typique de la rhétorique incel ou masculiniste que de s'appuyer sur ce cliché pour affirmer que le désir des femmes serait "injuste", avec des conséquences parfois tragiques, comme l'a démontré la journaliste Jia Tolentino dans son article *The rage of the incels* dans le *New Yorker*: en 2014, un Californien a assassiné six personnes et en a blessé quatorze autres. Dans le message censé expliquer son geste, il écrit être furieux que les femmes soient attirées par des hommes odieux mais pas par lui, qui s'estime être «un parfait gentleman». Voilà pourquoi il est important de se méfier de ces clichés.

Pour conclure, revenons à James Dean dans *La fureur de vivre*. Certes, dans ce chef-d'œuvre de Nicholas Ray, le personnage de Jim a des déboires avec la police, au grand dam de ses parents. Mais si Natalie Wood tombe amoureuse de lui, c'est avant tout parce que Jim est sensible, à l'écoute, et défend envers et contre tout son ami Plato, victime de harcèlement: «C'est ça, être fort», lui dit-elle.
Ça, et porter un blouson rouge.

→ Pour aller plus loin

À lire • *Histoire de la virilité*, ouvrage collectif (éd. du Seuil, 2011)
À lire • *Désirer comme un homme*, un essai de Florian Vörös (éd. La Découverte, 2020)
À lire • *Je ne suis pas viril*, un récit de Ben Névert (éd. First, 2021)
À voir • *Dirty dancing*, un film d'Emile Ardolino (1987)
À écouter • *Les couilles sur la table*, un podcast de Victoire Tuaillon (Binge Audio, depuis 2018)
À écouter • *Kids*, une chanson d'Eddy de Pretto (2017)

La révolution, c'est possible ?

Mathilde Larrère

Historienne spécialiste des mouvements révolutionnaires et autrice de *Il était une fois les révolutions* (éd. du Détour, 2019), Mathilde Larrère sait trouver les mots pour expliquer ce passé qui éclaire notre présent. On lit avidement ses *threads* engagés sur Twitter.

J'aime cette question plutôt que celle que trop souvent on me pose: «Sommes-nous à la veille d'une révolution?» L'historienne travaille sur le passé et ne saurait prédire l'avenir. Ce qui lui permet de définir une situation prérévolutionnaire est justement de savoir... qu'une révolution a ensuite eu lieu! Mais si je ne suis pas madame Soleil, je peux en revanche réfléchir sur le(s) possible(s) tout en sachant que cela ne présage de rien, ce d'autant que l'historien, ou l'historienne, passe sa vie à travailler... sur des possibles non advenus.

Commençons peut-être par définir, à grands traits, ce qu'est une révolution. La révolution renverse un ordre, considéré comme injuste, pour mettre en place un nouvel ordre politique, juridique, possiblement social, souvent culturel. Elle ne corrige pas à la marge, elle change les règles du jeu. **Elle modifie les hiérarchies, renverse les dominations (du moins essaie), modifie les régimes de légitimité des pouvoirs.**

À partir de là, plusieurs choses la rendent possible. Déjà, il faut qu'elle soit pensée. L'historien du culturel Roger Chartier écrivait: «Les livres ne font pas les révolutions mais ils les rendent possibles.» Il faut au préalable que l'ordre en place ait été dénoncé comme injuste, que ses légitimités aient été mises à mal, et que la possibilité d'un autre ordre, d'un autre système de répartition du pouvoir, des richesses ait été pensée. Si nous parlons du présent, point n'est besoin de longuement démontrer l'ébullition en la matière de nos jours, les critiques des déficits démocratiques, des injustices sociales, des dominations diverses et croisées, la dénonciation du capitalisme, les réflexions sur un monde plus juste. Cela peut nourrir la réforme, laquelle est au demeurant un bon moyen d'éviter la révolution. Mais quand la réforme ne se fait pas, quand face aux demandes de changement le pouvoir maçonne le mur du conservatisme, naît l'envie d'abattre et le mur, et l'architecte. Face aux critiques, aux demandes de changement, l'État peut peiner, ou refuser de faire les réformes nécessaires. Ne reste alors qu'une solution, renverser la table, faire la révolution. C'est ce qui c'est passé en 1789.

Ensuite, on peut constater que les révolutions n'ont jamais renversé que des ordres fragilisés. Fragilisés par les idées, nous venons de le dire, mais aussi contestés par plusieurs groupes sociaux, des régimes désacralisés, délégitimés. Des ordres fragilisés qui sont déjà lâchés, parfois juste du bout des doigts, par une partie de leurs élites, de leurs soutiens. **Pour savoir si une révolution est possible, il faut scruter les**

révoltes populaires, mais voir aussi si ça frémit dans les ministères, si ça doute dans les états-majors, écouter ce qui bruisse dans les universités… Une révolution n'est possible que s'il y a union des classes, si s'opère la convergence, du moins dans un premier temps, entre des fractions des classes populaires, des classes moyennes et des élites. Que cette union ensuite se délite et que la révolution soit récupérée par une de ces classes (souvent la même…) est une autre histoire, décevante pour beaucoup.

À ce stade, la plaine est sèche et pourrait s'embraser. Rajoutons un contexte favorable. Une crise économique, c'est bien. On le constate souvent avant les révolutions. **La crise permet la révolution moins par ses effets sociaux ou économiques que quand elle révèle l'incurie du pouvoir à la régler.** Elle participe de la fragilisation d'un ordre dont elle éclaire l'incapacité. Et elle donne à la phase insurrectionnelle ses bras armés, qu'elle va chercher dans les classes populaires touchées de plein fouet. Cependant il nous faut une crise nouvelle, qui dégrade une conjoncture auparavant favorable, ce qui rend d'autant plus insupportable le manque de pain, de travail. C'est de nos jours ce qui pèche : la crise est installée, elle dure depuis longtemps, elle a déjà fragilisé des forces vives qui pensent plus à survivre qu'à lutter. Quand on observe les révolutions passées, on constate qu'elles adviennent dans les premiers temps de la crise, quand les gens ont encore du ressort et des réserves pour lutter. Mais quand la crise s'installe, comme de nos jours, ses effets délétères fragilisent les forces vives d'une possible révolution.

Reste que, quand nous avons déjà tous ces éléments, alors, pour reprendre une citation de Mao, « une étincelle peut mettre le feu à toute la plaine ». Une injustice, une violence – sociale, policière – de trop. Un banquet interdit à Paris en 1848, des cosaques qui tirent sur la foule en février 1917, un vendeur qui s'immole comme en Tunisie en 2011. Et là, les classes se rassemblent pour demander un changement, les forces de l'ordre refusent de réprimer, les ministres se débinent, quelques médias tournent casaques…

Ce que sait l'historien, ou l'historienne, c'est que des plaines bien asséchées, il y en a souvent. Mais elles trouvent rarement leur étincelle. Ou alors le pouvoir opère à temps la réforme qui désamorce la marche à la révolution. Mais l'historien·ne doit rester prudent : des pouvoirs fragilisés, des contestations qui montent de toute la société, des crises qui aggravent cela, il y en a souvent,

La révolution ne corrige pas à la marge, elle change les règles du jeu.

sans pour autant donner naissance à une révolution. L'historien·ne sait que tout est toujours possible, la révolution mais aussi la conservation, la contre-révolution, la réforme… Reste que plus nombreux seront celles et ceux qui pensent que la révolution est possible, plus elle aura de chances d'advenir.

→ Pour aller plus loin

À voir • *Un pays qui se tient sage*, un documentaire de David Dufresne (2020)
À voir • *Révolte*, un documentaire de Cédric Tourbe (2013)
À lire • *Révolutions. Quand les peuples font l'histoire*, un ouvrage collectif dirigé par Mathilde Larrère (éd. Belin, 2013)
À lire • *L'abolition des privilèges*, un récit de Bertrand Guillot (éd. Les Avrils, 2022)
À lire • *La révolution est possible*, un essai d'André Prone (éd. Delga, 2019)
À lire • *Les damnés de la Commune*, une BD de Raphaël Meyssan (éd. Delcourt, 2017-2019)
À écouter • *La révolution ne sera pas podcastée*, un podcast d'Olivier Minot (Arte Radio, 2015)

À bas les statues ?

Kévi Donat

Pilier du podcast Le Tchip sur la pop culture noire, Kévi Donat est aussi guide-conférencier. Il a créé Le Paris Noir, une visite originale de la capitale qui permet de regarder son histoire autrement. Plus justement.

Y a-t-il déjà eu des statues déboulonnées en France ? La première réponse à cette question est simple : oui, il y a déjà eu des statues déboulonnées en France. Et en quantité. Si je devais citer un exemple marquant, ce serait celui de la colonne Vendôme. Inaugurée en 1810, elle commémorait le triomphe d'Austerlitz en présentant Bonaparte sous les traits d'un empereur romain. Quelque soixante ans plus tard, les accointances socialistes du peintre Gustave Courbet et la Commune de Paris auront raison d'elle. Je pourrais vous faire une longue liste des bustes renversés au cours d'insurrections ou de changements de régime. Je pourrais vous faire revivre ce fiévreux XIXe siècle qui mettra à mal des pans entiers du patrimoine de la capitale : le palais des Tuileries et l'ancien Hôtel de Ville n'y survivront pas, Haussmann et ses grands travaux s'étant chargés du reste. On le sait, l'étudie, s'en réjouit ou le déplore.

La première réponse est peut-être simple, mais la suite est plus compliquée. Aujourd'hui, dans l'Hexagone, ce sont les têtes ou plutôt les bustes de Gallieni, Bugeaud ou Colbert que la foule réclame. Devant l'Assemblée nationale, la statue de ce dernier a même été taguée d'une mention : « Négrophobie d'État ». La formule a choqué, et la réaction du pouvoir a été rapide et sans équivoque, par la voix même du président de la République : « On ne choisit jamais une part de France, on choisit la France, c'est pour cela qu'on ne déboulonne pas de statue. » Rien, jamais, nulle part.
Mais comment composer avec la figure du grand artisan de la modernisation économique du royaume de France ? Jean-Baptiste Colbert, intendant des Finances de Louis XIV, fait partie des grands commis de l'Ancien Régime. Il a sa place aux côtés de Sully, Richelieu et Mazarin, des incontournables dans notre "roman national". De Lille à Marseille, de Cayenne à Nouméa, nous l'avons tous étudié dès le primaire. Mais Colbert est également derrière la rédaction du Code noir, qui va réglementer la vie quotidienne des captifs africains dans les colonies françaises du Nouveau Monde. Un empire colonial dont le centre de gravité est Saint-Domingue (future Haïti). À la fin du XVIIIe siècle, la colonie pèse lourd dans le commerce extérieur français et un demi-million d'esclavisé·es contribuent à la prospérité de la métropole. Ça, par contre, nous l'avons appris bien plus tard.
Pour étouffer toute contestation, on nous ressort le bon vieux roman national. Mise en scène confortable qui rassemble au-delà des rancœurs personnelles. Au-delà des "séparatismes". Avec pour héros une litanie

de grands hommes à vénérer. Cette vision, héritée de la IIIe République, est largement partagée de gauche à droite. Déposséder quelques-uns des honneurs de la nation reviendrait à effacer autant de chapitres de notre histoire – tous feignant d'ignorer la différence entre histoire et mémoire.
L'histoire, ce sont les historiens qui l'écrivent, et personne ne leur a donné l'ordre d'en éliminer les racistes, antisémites, misogynes et homophobes. Pour des tentatives de réécriture orwellienne, il faut plutôt regarder du côté de ceux qui en 2005 appelaient à bien mentionner « le rôle positif de la colonisation »... Mais dans ce débat, il n'est pas tant question de recherche académique ou de programme scolaire, que de mémoire. Autrement dit l'ensemble des événements et personnalités que nous choisissons d'honorer, de mettre en avant. Cette mémoire, on l'a construite à coup de statues, de plaques, de noms de rue, d'école. Elle évolue et elle est le résultat de l'air du temps, de rapports de force, d'opportunités politiques.

Fermer la porte à tout débat autour des statues n'est pas qu'un affront à l'esprit des Lumières, dont la République se revendique à l'envi et avec morgue. C'est aussi et surtout un message clair envoyé à une partie de la population de ce pays : « Nous, la majorité, pensons que nous priver d'une statue est un trop grand sacrifice. » Or, c'est bien de destruction et d'abandon qu'on parle ici. Comme l'a brillamment fait remarquer Léonora Miano sur France Inter, le déboulonnage des statues est porté par une population jeune et descendante d'Africain·nes déporté·es et réduit·es en esclavage. « Ce n'est pas n'importe qui dans le *dêmos* français », affirme la romancière. Cette population n'a pas vocation à tout brûler, mais elle a a minima un droit d'inventaire.
Miano appelait à remplacer Colbert par Louis Delgrès, "libre de couleur" (selon une des classes juridiques en vigueur dans les colonies françaises avant l'abolition de l'esclavage), officier de l'armée française qui, en 1802, préféra donner sa vie et celle des siens plutôt que de se soumettre au corps expéditionnaire envoyé en Guadeloupe rétablir l'ordre ancien. **Qui des héros des révolutions anti-esclavagistes ou de l'auteur du Code noir est le plus légitime à trôner devant l'Assemblée nationale ?** En 1808, sous l'Empire, après la déroute de Saint-Domingue et dans un contexte de répression des Noir·es vivant sur le territoire hexagonal, c'est bien évidemment l'héritage du grand intendant qui sera retenu. Deux siècles plus tard, alors que le Sénat a reconnu l'esclavage et la traite comme des crimes

contre l'humanité et que les abolitions nous sont présentées comme des moments marquants de la République, ce refus de dialogue est une occasion manquée.

La statue de Colbert ne bougera donc pas. Elle est surveillée nuit et jour par des équipes de police. En geste de bonne volonté, la mairie de Paris annonce la construction d'une statue de Solitude. Camarade de lutte de Delgrès, née esclave, affranchie lors de la première abolition, celle-ci a activement participé au soulèvement de mai 1802. Enceinte lors de cette épopée ratée, elle est finalement pendue le lendemain de son accouchement. Ce sera la première femme noire à obtenir une statue à son effigie à Paris. Elle ne sera malheureusement pas à l'entrée du Palais-Bourbon, mais place du Général-Catroux dans le 17e arrondissement, à une distance respectable du pouvoir. Vous parlez d'un sacrifice…

Et pour finir, une dernière histoire de statue. Celle du général Dumas. En 1912, une sculpture en bronze lui est dédiée, dans le 17e arrondissement. Ce libre de couleur haïtien, héros militaire de la Révolution française, père d'Alexandre, est mort en disgrâce en 1806. Qu'a-t-on fait du bronze ? Envoyé à la fonte sous l'Occupation. Pourtant, on vous a dit qu'en France on ne déboulonne pas de statues. Rien, jamais, nulle part…

→ Pour aller plus loin

À écouter • Kiffe ta race #52 – *Outre-mer : décoloniser l'espace public*, un podcast de Rokhaya Diallo et Grace Ly (Binge Audio, 2020)
À écouter • Programme B #259 – *Bordeaux, passé à recomposer*, une série de podcasts de Thomas Rozec et Clémence Postis (Binge Audio, 2020)
À écouter • On peut plus rien dire #16 – *L'histoire est-elle un mensonge ?*, un podcast de Judith Duportail (2022)
À lire • *Discours sur le colonialisme*, un essai d'Aimé Césaire (éd. Présence Africaine, 2004 [éd. originale 1955])
À lire • *Marianne et le garçon noir*, un ouvrage collectif sous la direction de Léonora Miano (éd. Fayard, 2017)
À lire • *Une théorie féministe de la violence*, un essai de Françoise Vergès (éd. La Fabrique, 2020)

Critiquer l'école, on peut ?

Louise Tourret

Louise Tourret est une journaliste et productrice radio, spécialiste des questions d'éducation. Un monde parfois obscur qu'elle connaît et décrypte parfaitement, comme dans *Pourquoi les enfants de profs réussissent mieux ?*, l'essai qu'elle a co-signé aux éditions des Arènes (2019).

Comment expliquer à ses jeunes enfants que certaines choses qu'on apprend à l'école doivent être remises en question, sans remettre en question l'école ?
Mon imagination part dans plein de directions avec ce "certaines choses". Si vous êtes platiste (imaginons !), vos enfants vont être confrontés très jeunes à des enseignements qui contredisent vos croyances... Mais vous pouvez aussi être anarchiste, anticapitaliste ou royaliste et trouver que l'école enseigne des choses idéologiquement peu à votre goût. Dans un autre genre, vous pouvez détester l'éternel retour des poèmes de Maurice Carême. Dès lors, devez-vous contester devant votre progéniture le fait qu'iel apprenne ses poésies ? L'orthographe est-elle peu/ pas assez/ mal enseignée ? Devrais-je affirmer devant mes propres enfants mes doutes sur les aspects compétitifs de l'école et du système scolaire qui annexe la valeur des élèves à leurs notes ?
La première réponse qui me vient est d'ordre psychologique. **Il faut être sûr·e que votre remise en cause ne mette pas l'enfant en position de devoir choisir entre ce qu'on lui dit à l'école et ce qu'on lui raconte à la maison.** Ou de dire oui à ce qu'on dit à l'école tout en n'en pensant pas moins. Ou de se dire qu'il doit penser quelque chose à un endroit (l'école) et autre chose à un autre endroit (la maison). Donc le placer dans un conflit de loyauté inconfortable. Et personne n'aime les conflits de loyauté (à part les écrivains et les scénaristes mais c'est un autre sujet). Si vous apprenez à votre enfant à remettre en question "certaines choses", il risque de prendre le pli pour d'autres sujets scolaires – de toute façon il le fera, la plupart des enfants le font mais sans notre assentiment, c'est mieux. Une partie de la réussite scolaire, j'entends par là avoir des résultats corrects, se sentir bien à l'école et avoir envie d'apprendre, tient à une forme d'adhésion au projet et à l'organisation de l'école. Cet accord, ce support des familles est un socle qui permet aux enfants de s'engager comme élèves en se sentant en sécurité. En 2019, j'ai écrit un livre avec ma consœur Guillemette Faure, où on s'intéressait à la réussite des enfants d'enseignant·es. Il ressort entre autres choses que l'adhésion à l'école et le soutien aux enseignants est une vraie bonne chose pour les enfants/élèves.
Et puis, un point à garder à l'esprit, c'est que, quand on est parent, on est vieux. Beaucoup idéalisent l'école qu'ils ont connue et ont l'impression qu'on enseigne moins bien qu'à leur époque. Il est vrai que les noms des classes grammaticales changent (ça rend fou), que les maths semblent

parfois bizarres (les soustractions me sont devenues incompréhensibles), mais... ce n'est pas votre problème. S'il y a bien une chose sur laquelle tous les pédagogues et professeur·es que j'ai rencontré·es sont d'accord, c'est qu'**il ne faut pas se lancer dans des manières d'apprendre alternatives**. Et si vous le faites, soyez certain·e de la capacité de votre enfant à repasser à la méthode de son enseignant·e, car c'est plus compliqué qu'il n'y paraît. Et puis, sans vouloir vous offenser, interrogez-vous sur ce que vous cherchez à dire à votre enfant : que vous avez toujours raison ? Que vous êtes un·e meilleur·e prof ? Que l'école n'est pas assez bien pour lui... ou pour vous ? Bref, contester l'école, c'est mettre le doigt dans un sacré truc.
À titre personnel, à moins qu'un adulte ne s'y comporte de façon violente ou humiliante envers les enfants, je “soutiens” l'école et je garde mes éventuelles critiques pour moi. Je pense qu'il faut être un·e allié·e de l'école. Je pars aussi du principe que je ne suis pas professeure... mais “seulement” parent et qu'enseigner est un métier.

Le deuxième point auquel je pense fait l'objet de réflexions de très très longue date. En gros : qu'est-ce qui relève de l'éducation familiale et qu'est-ce qui est le travail de l'école française, en tant qu'institution nationale, qui n'est pas qu'un lieu d'apprentissage mais aussi d'éducation ? On y pense depuis que l'école publique existe – Guizot, ministre de l'Instruction publique, parle dès 1833 d'une éducation et des apprentissages scolaires « au service de l'État et dans l'intérêt public » ; pour le dire autrement, l'école en France est un instrument de cohésion de la société. Cette vision est restée.
Dans une autre lettre, célèbre, aux instituteurices (les ministres du XIXe devaient aimer l'exercice), Jules Ferry évoque la question et affirme la philosophie de l'école républicaine. Le fondateur de l'école publique gratuite et obligatoire (savez-vous que c'est le nom d'école le plus donné en France ?) y explique sa conception de la laïcité et la séparation « des croyances, qui sont personnelles, libres et variables, et [...] des connaissances, qui sont communes et indispensables à tous ».
Enfin, la charte de la laïcité, affichée dans toutes les écoles depuis 2012, ne dit pas autre chose : « La laïcité assure aux élèves l'accès à une culture commune et partagée » – c'est le septième point de la charte.
L'école, c'est fait en principe pour apprendre la même chose à tout le monde, surtout en France où l'école est une émanation de la République, qui est censée la renforcer. Est-ce que ça veut dire que rien ne change ? Non. Et c'est tant mieux.

C'est peut-être un peu un truc d'intello, mais je crois qu'il faut transmettre une vision dynamique des savoirs. L'histoire, ce fut jadis enseigner la vie et l'œuvre des rois de France. Maintenant, l'enseignement de l'histoire, c'est essayer de comprendre, à travers des documents, comment les gens vivaient, pensaient à différentes époques. C'est-à-dire que c'est aussi la démarche historique qui est enseignée (mais on n'est pas obligé·e de parler de Marc Bloch avec son CE2). En français, la littérature fut longtemps l'étude de grands classiques de manière chronologique… Aujourd'hui, on lit des écrivains étrangers, des œuvres de genre et… davantage d'autrices, et c'est vraiment grâce à la mobilisation de spécialistes de la littérature et de professeures – par exemple Françoise Cahen, qui a lancé une pétition pour dénoncer l'absence de femmes au programme du bac. Les collégien·nes peuvent voir ce qu'est un clitoris depuis 2017 sur les schémas de certains manuels de science de la vie et de la Terre de 4e. Quels progrès !

Si les contenus des apprentissages scolaires évoluent, c'est parce que des débats présents dans la société le permettent, l'encouragent. Ces débats – pensez au féminisme – ne

concernent pas que l'école mais ils peuvent avoir une influence sur les programmes et sur les enseignant·es. Même si on peut trouver que ça va lentement, cette évolution, au présent et au futur, offre de magnifiques sujets de discussion avec ses enfants : quels sujets pourraient/devraient être enseignés ? Comment évaluer les apprentissages ? Ces débats peuvent aussi être menés avec des élèves. J'ai pu m'en rendre compte en animant des ateliers de débat libre, à Radio France, avec des classes du CM1 à la 1re.

« Remettre en question des choses qu'on apprend », ça veut donc dire pour moi « questionner ce qu'on apprend », c'est-à-dire avoir une réflexion sur les apprentissages, leur construction et leur partage. Je n'arrive pas vraiment à savoir à quel âge j'ai commencé à le faire avec mes propres enfants, mais je crois que c'est en parlant d'*Astérix* et, de fil en aiguille, de César et de la guerre des Gaules : ce sont les vainqueurs qui écrivent l'histoire et donnent donc leur version.
J'ai l'air de m'éloigner du sujet, mais discuter avec mes enfants, n'est-ce pas la meilleure part de l'éducation ? Je le vois comme un lieu de questionnements infinis qui sont peut-être, au bout du compte, des remises en question, mais portées par le désir de penser. Concernant la scolarité, cela peut commencer par des questions telles que : est-ce que ça t'intéresse, est-ce que ça t'ennuie, pourquoi ?

Enfin, je pense qu'il faut garder à l'esprit que l'important ce n'est pas (ou pas seulement) d'apprendre des "choses" mais le rapport au savoir, la curiosité et l'appétence pour les apprentissages. Et que cela se construit dans l'enfance.

→ Pour aller plus loin

À lire • *L'école d'aujourd'hui à la lumière de l'histoire*, un essai de l'historien de l'éducation Claude Lelièvre (éd. Odile Jacob, 2021)
À lire • *Une histoire de l'école*, un essai de Renaud d'Enfert, François Jacquet-Francillon et Laurence Loeffel (éd. Retz, 2010)
À écouter • *Y'a deux écoles*, un podcast de Delphine Saltel (Arte Radio, 2017)
À écouter • Programme B – *École, inégalités au programme*, une série de podcasts de Thomas Rozec (Binge Audio, 2022)

Être fidèle, c'est ringard ?

Olympe de G.

Figure impliquée dans le féminisme, Olympe de G. œuvre pour une vision alternative de la pornographie, de la sexualité et aussi de l'amour. En parallèle, elle tient sur son blog un excellent journal de bord, où elle documente jour après jour sa grève de l'hétéronormativité. Tout ça entre deux podcasts ou deux reportages à travers le monde.

Est-ce que les notions d'engagement et de fidélité sont devenues ringardes ? Ou est-ce que ça ne serait pas plutôt la notion de *ringard* qui serait devenue ringarde, tout particulièrement quand il s'agit de notre vie affective ?

Si vous lisez ce livre, il y a de fortes chances que nous partagions certaines valeurs progressistes et que, dans votre monde comme dans le mien, le polyamour, ou encore la multiplication jubilatoire de partenaires amoureux soient plus *in* que la virginité puis le mariage pour la vie. En amour comme en tout, il y a des courants dominants, des tendances auxquelles il est difficile d'échapper. Quitter la ville pour la campagne, manger moins de viande, détester les trottinettes, ouvrir son couple sexuellement ou multiplier les unions sans complexes... Notre vie personnelle, même dans ce qu'elle a de plus intime, est perméable aux évolutions qui ont lieu dans notre sphère sociale. Mais nageons-nous collectivement dans un épanouissement si total sur le plan amoureux, qu'il faudrait que nous nous conformions à ce qui est *dans l'air du temps* ?

Cette question, je me la suis posée au sujet de ma vie sexuelle. Quand je me suis lancée dans le porno, en 2016, à Berlin, je fréquentais une communauté sexpositive queer où les pratiques BDSM étaient la norme. J'allais à des soirées où je croisais des personnes sanglées dans du latex, des hommes nus totalement rasés, des dominas. J'y ai assisté à des séances de bondage, à des suspensions spectaculaires, à du fist fucking live. Autant d'expériences qui m'ont confortée dans le fait que je suis, quant à moi, complètement *vanille*. J'aime la douceur, la tendresse, la lenteur.

Si cette période m'a ouvert les yeux et l'esprit, elle m'a aussi, dans un premier temps, fait me sentir... ringarde. Pourquoi moi, qui par ailleurs envisageais de passer devant la caméra en tant que performeuse porno, me sentais-je au paradis sous la couette pour une soirée peau contre peau avec mon *date* du moment ?

L'engagement et la fidélité sont traditionnellement des points fondamentaux garants de l'ordre patriarcal. Ils assurent à l'homme la jouissance de sa femme – j'entends ici le mot « jouissance » dans le sens d'usage, l'épouse étant alors une propriété comme une autre. L'obligation de fidélité pour les femmes devait assurer à l'homme que la progéniture était bien la sienne. Dans la Rome antique, par exemple, la loi prévoyait des punitions qui allaient du divorce à la peine de mort pour les femmes infidèles au motif qu'elles avaient fait courir un risque de grossesse

Aujourd'hui, que reste-t-il de rationnel dans cette injonction à réserver son corps à l'autre ?

adultérin. En France, jusqu'en 1975, l'adultère était sanctionné pénalement – et avec le sceau de l'ordre patriarcal : en effet, l'épouse encourait une peine d'emprisonnement pouvant aller jusqu'à deux ans, quand l'époux, lui, ne risquait qu'une amende.

Rome a vécu, l'adultère sanctionné au pénal, aussi. Mais quelque chose de tout cela demeure, dans notre conception du couple en 2021. Par exemple, l'idée toujours très présente aujourd'hui que, lorsqu'on aime quelqu'un, notre corps – nos zones génitales surtout – lui appartient. Pourtant, à l'ère des préservatifs, des doigtiers en latex et des digues dentaires, on pourrait interagir sexuellement avec de nombreux partenaires sans risquer de compromettre la santé sexuelle de notre couple. Alors, que reste-t-il de rationnel dans cette injonction à réserver son corps à l'autre ? Pas grand-chose, si ce n'est le poids de cet héritage patriarcal.

Pour autant, je pense qu'**on peut se réapproprier ces notions et les investir d'un nouveau sens, plus en phase avec nos vies et avec ce qui nous tient vraiment à cœur**. À titre personnel, « engagement » est un mot qui m'est cher, une valeur clé qui me structure. Je m'engage publiquement pour les femmes depuis plusieurs années, et cet engagement m'apporte beaucoup de stimulations intellectuelles, d'échanges, de rencontres, d'émotions positives. Pas seulement, bien sûr, il y a aussi des moments où cet engagement me pèse, et où je préférerais faire comme mon chat, qui va de sieste sous la couette en sieste au soleil et vit une vie splendidement autocentrée. Au-delà de cet engagement dans la sphère publique, je veux croire que je m'engage aussi intimement pour les personnes que je choisis d'aimer, en donnant de mon temps, de mes idées, de mon énergie pour les aider, si je le peux, à continuer de regarder la vie avec le sourire.

Quant au terme de « fidélité », je lui préfère celui de « loyauté » – une loyauté que j'entretiens envers les personnes bienveillantes avec moi, au fil des années, mais aussi envers mes propres valeurs. J'essaye en quelque sorte de m'être fidèle, projet très beau et très ardu !

À l'heure où notre histoire amoureuse se raconte en nombre de matchs sur des applis de rencontre, où nous développons un rapport de plus en plus consumériste à l'amour, il me semble important de m'engager pour défendre la bienveillance, la transparence et la loyauté dans mes rapports personnels. Toute ringarde que j'aie pu me sentir à Berlin, après avoir assisté à des scènes de sexe hardcore, j'ai peu à peu compris qu'en m'affirmant dans le sexe *vanille* j'étais d'abord et avant tout connectée avec moi-même. Je faisais ce qui me plaisait à un instant *t*. Point barre. **Il y a une grande radicalité et une grande force de transgression à être soi-même**, quel que soit le contexte dans lequel on navigue. Ce constat m'est resté depuis et s'est affirmé comme l'un de mes leitmotivs. Et s'il faut nommer un élément pérenne et stable dans ma vie, je parlerai de mon engagement et de ma loyauté envers ceux et celles qui me sont chèr·es.

Une valeur fondamentale qu'aucune tendance nouvelle ou tombée en désuétude ne me ferait abandonner.

→ Pour aller plus loin

À lire • *Jouir est un sport de combat*, un essai d'Olympe de G. et Stéphanie Estournet (éd. Larousse, 2021)
À lire • *La salope éthique*, un essai de Dossie Easton et Janet Hardy (éd. Tabou, 2013)
À lire • *La fin de l'amour. Enquête sur un désarroi contemporain*, un essai d'Eva Illouz (éd. du Seuil, 2020)
À lire • *Dating fatigue*, un récit-enquête de Judith Duportail (éd. de l'Observatoire, 2021)
À écouter • *Amours plurielles*, un podcast de Lauren Mary
À voir • *Sex education*, une série de Laurie Nunn (depuis 2019)
À voir • *Les chansons d'amour*, un film de Christophe Honoré (2007)

Peut-on rire des races ?

Shirley Souagnon

Figure impliquée du stand-up en France, Shirley Souagnon est tout à la fois humoriste, actrice, productrice, mais aussi patronne de son propre Comedy Club à Barbès, à Paris. Avec un point de vue très aiguisé sur la société d'aujourd'hui, qu'on retrouve dans son spectacle *Être humain.*

Peut-on rire des races?

La réponse est: OUI. On peut rire de tout. Seulement, faut-il rire de tout? Là est la vraie question. On peut tout, mais faut-il tout? J'aurais répondu la même chose à une question plus précise comme: «Peut-on rire de la souffrance des Rohingyas?» J'aurais répondu: OUI.

La question n'est donc pas de savoir si l'on peut rire; **la question qui pourrait permettre de s'élever est: «Pourquoi rire des races?»**, et puis: «Les races, c'est quoi?» À ma connaissance, et biologiquement parlant, il n'existe qu'une race, la race humaine. Alors s'il s'agit de rire de nous-mêmes, évidemment OUI.

Perturbée par la question que me posait Binge, je leur ai demandé de préciser. Je leur ai avoué que je ne comprenais pas la question, parce qu'il n'y a qu'une race humaine, et ils m'ont répondu: «Oui scientifiquement parlant, mais pas sociologiquement. Il existe encore des différences liées aux croyances des races.»

Bref, j'ai écouté comme une raciste qui s'ignore. En gros, j'ai dit: «Je ne vois pas les couleurs.» Et ils m'ont répondu: «Ben, va voir l'ophtalmo!» Parfois, on aimerait être aveugle à sa propre souffrance...

J'aimerais me dire que j'ai été choisie pour répondre à la question parce que j'ai été tirée au sort dans un chapeau, tout simplement.

J'aimerais me dire que ma vie ne tourne pas autour d'une race que je ne suis pas. S'il y a bien des faits divers qui me tétanisent, ce sont ceux qui condamnent des innocents. On se rend compte que certains finissent par croire à leur culpabilité. Je finis, quant à moi, par croire qu'il est obligé, qu'il est de mon devoir de répondre à cette question: «Peut-on rire des races?»

Mais si ça se trouve je m'emballe, si ça se trouve, dans la question «Peut-on rire des races?», on parle uniquement des animaux et je suis en train de constater mon propre racisme... Souvent, peu importe la mise à jour que j'ai pu faire, j'ai encore des séquelles de vieux formatages. Par exemple, quand j'entends le mot «race», il me vient en tête: «Je sais pas ce que c'est une race, mais une sale race, ouais!!!»

J'ai grandi dans ce pays, la France, où dans certaines contrées rurales, où j'ai fait ma scolarité, avoir ma teinte de peau suscitait bien des moqueries chez les jeunes de mon âge.

Ils m'ont dit que j'étais noire, et ce n'était pas une information, mais une insulte. On m'a appelée la noiraude, négresse ou bien encore belle lunette. Franchement, je ne voyais pas le mal, il était déjà en moi.

Plus grande, on m'a parlé du racisme, et le mal a essayé de sortir... C'est dur

quand de vieux maux tentent de se faire la malle. Vous avez déjà ressenti cela ? La douleur et la libération de l'âme qui conscientise sa peine ? Le temps fait encore son travail et, me concernant, il le fait bien.
Très récemment, on m'a appris que j'étais racisée. Je suis racisée par les autres et je me bats pour ne pas me raciser moi-même... en vain, c'est un fait, je suis racisée.

Peut-être que je suis vraiment parano, peut-être que la question concerne VRAIMENT les animaux, et dans ce cas, OUI, on peut rire des races ; moi-même, je me suis déjà moquée d'un Jack Russell... Et une autre fois d'un chat sauvage, et ce n'est pas la plus belle partie de ma carrière. Je l'admets.
Sérieusement, j'y ai souvent repensé à ces moments où j'ai ri d'un animal même pas en mesure de rétorquer. Je me demande toujours à quel point c'est juste de rire de quelqu'un qui ne peut pas comprendre ou, en tout cas, qui n'aura pas de droit de réponse. C'est pas du jeu finalement. Il y a là une forme d'intimidation.
Après, il paraît que chez les animaux aussi il y a du racisme, alors bon...

Ouais, je suis en train de me justifier telle une raciste, ouais… Bienvenue en France !

Le racisme. J'ai beaucoup de mal avec ce mot. Parce que, par sa seule existence, il continue de faire perdurer l'existence des races.

Je crois, moi, qu'on peut rire des races, mais qu'il vaudrait mieux se moquer du racisme, non ? Quand je fais des blagues autour du racisme – et je le fais beaucoup plus que parler des Jack Russell – j'en parle pour tourner en dérision un cheminement de pensée désuet. Non pas pour renforcer des codes pré-établis. C'est fou parce que j'ai constaté que selon l'endroit du monde où je faisais mes blagues, elles avaient une autre résonance en fonction de l'audience et de la culture. Il y a des sujets qui ne font même pas rire au Québec, là où en France on est encore mort de rire (sur le racisme).

Il existe des tonnes de rires : le nerveux, le libérateur, le joyeux… Tous les rires n'expriment pas la joie, ils peuvent aussi parfois être l'expression d'une adhésion à une idée, donc à vous de vous faire vos propres idées. Donc rire des races "OUI", mais sache une chose, c'est que c'est à l'ancienne. Tout comme il est plus facile de glisser la pente que de la monter, il est plus facile de rire des races que de rire du racisme.

Alors je finirai ma réponse par une question à mon tour, on peut tout OUI, mais que veut-on vraiment ?

→ Pour aller plus loin

À voir • *La convergence des luttes*, un passage de Shirley Souagnon au Festival de Montreux (2020)

À voir • *Make happy*, un stand up de Bo Burnham (2016)

À écouter • *Kiffe ta race*, un podcast de Rokhaya Diallo et Grace Ly (Binge Audio)

À lire • *Le racisme récréatif*, un essai d'Aldison Moreira (éd. Anacaona, 2020)

La fin des enfants ?

Jeanne Burgart Goutal

Professeure agrégée de philosophie, Jeanne Burgart Goutal est en pointe sur tout ce qui touche à l'écoféminisme. Elle est l'autrice de deux œuvres importantes parues ces deux dernières années : *Être écoféministe : théories et pratiques* (éd. L'Échappée) et un roman graphique *ReSisters* (éd. Tana).

2009. *Philosophie Magazine* me commande mon tout premier article. Le sujet ? Pourquoi fait-on des enfants ? 2021. Je reçois une demande de Binge Audio. Le sujet ? Est-ce qu'on doit arrêter de faire des enfants ? Quelle évolution, en l'espace de douze ans ! Que s'est-il passé ?

À première vue, l'explication peut sembler assez simple. La montée du souci écologique, la prise de conscience accrue des limites de notre planète, parfois vécue avec "éco-anxiété" : telle est la raison la plus évidente des *No kids*, ces personnes qui choisissent de ne pas faire d'enfants. En rupture avec les normes traditionnelles de la famille "à l'ancienne", ce choix semble donc se situer du côté d'une idéologie nouvelle et progressiste. Mais dès qu'on y réfléchit davantage, les choses se compliquent... Comme toujours ! Par exemple, au moment même où j'écris ces lignes, la radio annonce l'entrée en vigueur des décrets d'application de la loi de Bioéthique concernant la PMA pour toutes (y compris les femmes lesbiennes et célibataires), fruit de la lutte de collectifs pour cette forme d'égalité. Alors face à la question « Doit-on arrêter de faire des enfants ? », qui est progressiste ? La personne qui prône le refus d'enfanter pour préserver la planète, ou celle qui lutte pour le droit de toustes à avoir des enfants ? Avec ces exemples, on s'aperçoit que la différence ne réside pas dans l'acte même, décrit extérieurement (en avoir ou pas), mais dans les mobiles qui lui donnent sens – de la même façon que le port du voile peut revêtir une multitude de significations différentes, voire opposées. Au fond, on a ici affaire à un débat typique de la période actuelle : un débat qui déplace les habituelles coordonnées du progressisme et du conservatisme, et se joue sur un autre échiquier.

Prenons donc la question à la racine. Questionnons la question : manie de prof de philo. Déjà, qui désigne le pronom « on » ? Et d'où sort cette idée de fixer des « on doit » sur une question aussi intime ? Est-ce un simple conseil ou une injonction morale et politique ? (Spoiler : je ne répondrai pas à ce « doit-on » !)

Premier volet : qui ça, « on » ? On pourrait penser qu'il s'agit de tous les humains ; mais quand je tape *No kids* sur Internet, j'atterris sur le site d'Amazon qui propose les livres suivants : *No kid* (Corinne Maier) bien sûr, mais aussi *Être femme sans être mère* (Émilie Devienne), *Épanouie sans enfant* (Isabelle Tilmant), ou encore *Le regret d'être mère* (Orna Donath). À lire ces titres, la question ne semble concerner que les femmes ! Les hommes et les pères sont les grands absents... Pourtant, ils sont évidemment eux aussi au cœur du sujet. Mais comme souvent, une fausse universalité ("on", "l'homme"...) masque des différences et des inégalités qu'on doit démasquer.

C'est ce qu'ont bien saisi les écoféministes – ces penseuses et militantes qui, depuis le milieu des années 1970, cherchent à articuler l'écologie avec le féminisme, et plus largement avec toutes les luttes pour la justice (sociale, raciale, internationale). En 1974, dans *Le féminisme ou la mort* (livre où le mot « écoféminisme » apparaît pour la première fois), Françoise d'Eaubonne fait même du refus de procréer la clé de voûte qui réunit écologie et féminisme. Elle écrit :

« Tout le monde, pratiquement, sait qu'aujourd'hui les deux menaces les plus immédiates sont la surpopulation et la destruction des ressources [...] mais très peu encore ont découvert que chacune des deux menaces est l'aboutissement logique d'une des deux découvertes parallèles qui ont donné le pouvoir aux hommes voici cinquante siècles : leur possibilité d'ensemencer la terre comme les femmes, et leur participation dans l'acte de la reproduction. Jusqu'alors, les femmes seules possédaient le monopole de l'agriculture et le mâle les croyait fécondées par les dieux. Dès l'instant où il découvrit à la fois ses possibilités d'agriculteur et de procréateur, il instaura ce que Lederer nomme « le grand renversement » à son profit. [...] Dans un monde ou simplement un pays où les femmes (et non, comme ce peut être le cas, une femme) se seraient réellement trouvées au pouvoir, leur premier acte aurait été de limiter et d'espacer les naissances. Depuis longtemps, depuis bien avant la surpopulation, c'est ce qu'elles ont toujours tenté de faire. [...] Voulez-vous vivre, ou mourir ? Si vous refusez la mort planétaire, il faut accepter la revanche des femmes ; car leurs intérêts personnels, en tant que sexe, recoupent ceux de la communauté humaine. »

Pour mettre en pratique cette conviction, d'Eaubonne lance en 1974 un appel à la « grève des ventres » : une résistance concrète au « lapinisme phallocratique », à la fois responsable selon elle d'une surpopulation conduisant à l'épuisement des ressources et d'un asservissement des femmes à leur condition de reproductrices, engluées dans la sphère domestique de « l'immanence » – aliénation remarquablement analysée par Simone de Beauvoir dans *Le Deuxième Sexe*, et qui se prolonge aujourd'hui encore. Car le fait d'avoir des enfants n'impacte toujours pas de la même manière les hommes et les femmes (d'ailleurs sur Instagram, le hashtag #regretmaternel pullule, tandis que #regretpaternel ne compte quasiment aucune publication) ; et un facteur de classe sociale se combine avec cette inégalité. Une étude menée

par l'Insee en 2018 montre que seulement 76 % des mères ont un emploi rémunéré, contre 91 % pour les pères. 31 % d'entre elles passent à temps partiel, contre seulement 4 % pour les pères. La maternité fait baisser leur salaire de 15 % en moyenne au bout de cinq ans. L'impact est encore plus marqué dans les catégories ouvrières : seules 54 % des ouvrières qui sont mères ont un emploi ; et c'est carrément une perte de 40 % de salaire qu'elles subissent ! Outre l'aspect environnemental, il y a donc aussi des enjeux de justice autour de cette question.

Mais alors les femmes – surtout ouvrières – devraient-elles renoncer à enfanter pour leur propre bien ? Ne risquent-elles pas de passer à côté du « rôle de leur vie », du plus bel amour qui existe ? À cette inquiétude, la philosophe Donna Haraway répond : « *Make kin, not babies !* » C'est-à-dire : « Faites des parents, pas des bébés ! » Pour elle, si l'on aspire à dépasser la civilisation « patriarcapitaliste » et ses travers, il est temps de transformer en profondeur nos manières de nous relier les uns aux autres. **Nous avons tendance à voir dans la filiation biologique le lien suprême ; mais cette tendance n'est pas "naturelle" ni universelle, c'est un schème culturel bien particulier, lié à une angoisse centrale du patriarcat autour de la paternité biologique.** *Mater certa, pater semper incertus* (la mère est certaine, le père toujours incertain), dit-on en latin : le patriarcat est une réaction anxieuse et possessive contre cette incertitude. Mais d'autres sociétés y ont réagi autrement, en considérant que la filiation biologique n'est pas l'essentiel du lien parental – c'est le cas par exemple chez les Inuits qui pratiquent parfois le "communisme sexuel" ou encore chez les Guayaquis, où les femmes sont polyandres. Peut-être serait-il temps de s'en inspirer, pour aller vers une transition écologique et féministe : plutôt que de continuer à exalter et mythifier la filiation biologique, réinventons nos relations, cultivons des liens de parenté au-delà du "sang", trouvons comment « se faire parents sans faire de nouveaux enfants » (Haraway), tissons des familles d'adoption, de transmission, de co-éducation, entre humains, mais aussi avec les non-humains qui partagent notre vie, nos maisons, nos jardins, nos villes – comme Haraway avec ses ami·es, ses étudiant·es, et sa chienne Cayenne, compagne fidèle et intensément aimée. Voilà le sens de son exhortation *Make kin, not babies.*

Mais pour œuvrer à ce changement de civilisation, qui permettrait de préserver la planète tout en s'émancipant du patriarcat, n'y a-t-il pas d'autres moyens que de se faire parent sans faire d'enfants? Toutes les écoféministes ne voient pas les choses du même œil. Dans *Gaia and God*, la théologienne Rosemary Radford Ruether propose une autre solution :

« C'est le mode de vie des hommes, davantage que celui des femmes, qui doit connaître les plus profondes transformations. Les hommes doivent surmonter l'illusion individualiste d'autonomie, qui a pour corrélat un pouvoir exercé sur les autres, à commencer par les femmes avec lesquelles ils sont en rapport. En tant qu'amants, parents et collaborateurs, il faut qu'ils entrent avec les femmes dans les relations essentielles au maintien de la vie : la production de nourriture, les vêtements, le nettoyage, le soin aux enfants depuis la naissance, la cuisine, la gestion des déchets. ***C'est seulement quand les hommes seront pleinement intégrés à la culture des tâches quotidiennes de subsistance qu'hommes et femmes pourront commencer à remodeler ensemble la vie économique, sociale et politique.*** »

Pour elle, l'idée n'est pas d'arrêter de faire des enfants, mais de revoir notre manière de les éduquer, de changer la répartition des tâches et de la charge mentale liées à la parentalité pour plus d'équité – ce qui suppose de transformer aussi le monde économique, pour que les hommes aient également le temps de s'occuper de leurs enfants et de leur maison : étendre le congé paternité, garantir une égalité salariale réelle, favoriser le temps partiel pour

Plutôt que de continuer à exalter et mythifier la filiation biologique, réinventons nos relations.

toustes, développer une culture du soin et de l'empathie, permettre aux pères de se consacrer davantage au foyer et moins au métier... In fine, cette révolution dans la sphère privée devrait donc avoir pour effet ricochet de réduire l'activité professionnelle, industrielle, financière, etc. et ainsi de dépasser le productivisme, donc de préserver la nature. Rien que cela! Dans cette optique, point besoin d'arrêter de procréer: le problème n'est pas tant dans le *quoi* que dans le *comment*.

Car, au fond, la formulation de la question «Faut-il arrêter de faire des enfants?» masque certains biais d'analyse et points aveugles. Dire qu'on *doit arrêter*, penser en termes natalistes ou dénatalistes, cela permet de ne pas réfléchir plus avant à la situation réelle et d'esquiver les vrais problèmes – du moins, d'autres problèmes de fond: ceux de l'éducation, de la répartition des tâches, du niveau de vie, du partage des richesses et des ressources. Un aveuglement coupable que pointent du doigt Maria Mies et Vandana Shiva, sous un angle postcolonial, dans leur ouvrage *Écoféminisme*. Elles y dénoncent les politiques de régulation des naissances menées dans les années 1970-1980 au nom d'une certaine écologie. À l'époque, on expliquait beaucoup la crise environnementale par la "surpopulation", comme le montre le titre de Paul R. Ehrlich *La bombe P* (P pour Population), en 1968. "Solution" mise en œuvre: les femmes du "tiers-monde" furent accusées d'être responsables des courbes galopantes de la démographie mondiale, et soumises à des campagnes de stérilisation forcée (parfois en échange d'un sac de riz)! **Au cours de l'histoire, l'injonction à cesser de procréer a donc charrié une grande violence, qui s'est exercée spécifiquement sur le corps des femmes du Sud, dans des politiques à tendance sexiste, raciste et colonialiste.** Mais le réel problème pour l'environnement, est-ce vraiment le taux de natalité, en particulier dans les pays pauvres, ou plutôt le niveau de consommation dans les pays riches? Plutôt que de limiter les naissances à l'autre bout du monde, ne ferions-nous pas mieux de réduire notre niveau de vie ici, par des formes de décroissance? Parfois, l'injonction dénataliste, et peut-être aussi le refus d'enfanter, cache une résistance à changer de mode de vie...

Alors finalement, doit-on ou ne doit-on pas arrêter de faire des enfants...? Loin de moi l'idée de répondre à cette question. Formulée en termes de *devoir*, elle risque d'être au service de "biopolitiques" s'immisçant dans la vie intime des personnes les plus vulnérables, gouvernant jusqu'aux utérus des femmes précaires. Interprétée moralement, elle est tout aussi absurde. Car, en ce domaine, ce ne sont pas les décisions rationnelles qui ont le pouvoir sur nos conduites. Lorsqu'elle avait 20 ans, ma meilleure amie voulait se faire ligaturer les trompes. Aujourd'hui, elle a trois filles, conçues "par accident". Ni ses convictions écologiques, ni son désir d'une vie libre et nomade n'ont pu l'emporter sur les hasards de l'existence et la puissance irrationnelle de l'élan vital, à la fois merveilleux et terrifiant, qui nous traverse et se joue de nous, se moquant bien de nos résolutions conscientes… et de notre entêtement à se poser une telle question !

→ Pour aller plus loin

À lire • *La folle semence*, un roman d'Anthony Burgess (éd. Robert Laffont, 2021)
À lire • *Mal de mères*, un essai de Stéphanie Thomas (éd. J.-C. Lattès, 2021)
À lire • *Le féminisme ou la mort*, un essai de Françoise d'Eaubonne (éd. Le Passager Clandestin, 2020)
À lire • *Love me tender*, un récit de Constance Debré (éd. Flammarion, 2020)
À écouter • Programme B #109 – *Mille et une mères*, un reportage de Valérie Gautier (Binge Audio, 2019)

Qui a peur du grand méchant travail ?

Christophe Deval

Christophe Deval, psychologue, est spécialisé en thérapies comportementales et cognitives. Il est également le cofondateur de l'entreprise A.life, qui a pour vocation d'améliorer la qualité de vie au travail.

Les émotions peuvent se décomposer en deux ingrédients : un signal (qui se manifeste par un ressenti, des sensations dans le corps, des expressions faciales et posturales et des pensées) et une impulsion à agir. Dans le cas de la peur, le signal est celui du danger, et l'impulsion est de se mettre en sécurité, le plus souvent en prenant la fuite. Il n'est donc pas possible de répondre à la question « Comment gérer la peur au travail » dans l'absolu : tout dépend du signal, de l'impulsion et surtout du contexte. Car le signal peut être juste ou non et l'impulsion également (évidemment, si le signal est faux, l'impulsion ne sera pas adaptée). Voyons les différents cas de figure et comment y répondre de la façon la plus pertinente.

Tout d'abord, il est possible que le signal soit fondé et que vous soyez réellement en danger, par exemple dans un environnement de travail toxique, avec harcèlement, humiliations ou encore menaces. Dans ce cas, vous avez tout intérêt à vous protéger, par des écrits, des moyens juridiques ou tout simplement en cherchant un emploi qui sera moins destructeur pour vous. C'était le cas le plus simple (à analyser, mais pas à vivre évidemment).

Parfois, le signal est un peu plus compliqué. L'environnement n'est pas dangereux, mais vous le percevez comme tel car vous avez peur de ne pas être reconnu·e ou de ne pas être à la hauteur. Et là, il y a un piège : la peur ne signale pas un danger à fuir mais indique au contraire que vous avancez dans la bonne direction. Si vous avez peur, c'est parce que des valeurs fortes sont en jeu : de réalisation, de connexion ou encore de liberté. Par exemple, vous avez le travail de vos rêves et vous voulez à tout prix que cela fonctionne. Dans ce cas-là, notre cerveau est plutôt mal fichu : il sent le danger et, pour nous protéger, nous envoie le message : « Tu risques d'être déçu·e. Si ça ne fonctionne pas, tu seras dégoûté·e. Tu n'as pas les capacités, la confiance en toi, etc. » Et comme l'impulsion qui va avec pousse à se mettre en sécurité, le plus simple est de renoncer. Comme ça, bingo : la peur s'en va ! En fait, pas bingo du tout : vous avez reculé pour échapper à la peur mais vous avez aussi renoncé à ce qui était important pour vous. Vous avez troqué la peur *maintenant* contre du regret *plus tard*.

Si vous êtes dans ce cas de figure, repérez la peur quand elle apparaît, voyez qu'elle n'est que le reflet d'un cœur qui bat et de ce qui compte pour vous. Voyez ensuite votre cerveau comme votre meilleur ami, qui vous veut du bien mais qui ne sait pas comment s'y prendre (il pense que c'est en vous faisant peur que vous allez y arriver). Comme un ami, vous n'êtes pas obligé·e de suivre ses recommandations : « Merci pour le conseil, mais là franchement ça ne m'aide pas. C'est juste que ça compte pour moi, je vais donc plutôt faire de mon mieux. » **Les émotions ne durent physiologiquement que 90 secondes, à condition de ne pas les alimenter** : une fois que vous avez fait cela, respirez, sans rien faire, en vous concentrant sur vos cinq sens, et passez à l'action que vous pouvez faire qui augmentera vos chances de réussir dans votre job.

Cas de figure suivant : le signal est détraqué. Il est possible qu'il ait été juste à un moment de votre vie, par exemple si vous avez vécu des expériences professionnelles difficiles par le passé. Votre système nerveux l'a enregistré et a rendu votre signal de peur trop sensible, comme un détecteur de fumée qui se déclenche en l'absence d'incendie. La bonne approche est alors de revenir à la réalité (« Est-ce qu'il y a des signes de danger ? ») et de calmer votre système nerveux : par le toucher, par exemple en mettant votre main sur

la zone du cœur, et par la voix, en vous parlant d'une voix douce et en vous tenant des propos apaisants, comme si vous vous adressiez à un jeune enfant (le ton de la voix est absolument critique pour le succès de cette technique). Choisissez de ne pas laisser la peur décider pour vous et agissez comme la personne que vous voulez être.

Enfin, il est possible que le signal soit détraqué sans raison repérable. Vous avez une peur terrible d'aller au travail, peut-être au point de ne pas pouvoir y rester. Cette peur est irrationnelle et vous ne savez pas d'où elle vient. C'est une forme de phobie appelée ergophobie (c'est l'équivalent chez l'adulte de la phobie scolaire des enfants). Vous pouvez bien sûr utiliser les techniques précédentes, mais le mieux est quand même de faire appel à un thérapeute cognitif et comportemental pour vous aider à affronter cette phobie, parfois avec un appui médicamenteux (antidépresseurs).

Finalement, comme pour toutes les émotions, **demandez-vous quel message la peur vous envoie et, ensuite, voyez si vous avez intérêt à l'ignorer, à vous mettre en sécurité ou à ouvrir votre cœur et foncer** car vous êtes tout proche de ce qui compte pour vous.

→ Pour aller plus loin

À lire • *Travailler à armes égales*, un essai de Marie Pezé, Rachel Saada et Nicolas Sandret (éd. Pearson France, 2011)
À lire • *Le travail m'a tué*, une BD d'Hubert Prolongeau, Arnaud Delalande et Grégory Mardon (éd. Futuropolis, 2019)
À voir • *La loi du marché*, un film de Stéphane Brizé (2015)
À voir • *Ressources humaines*, un film de Laurent Cantet (1999)
À écouter • *Travail (en cours)*, un podcast de Camille Maestracci et Marie Semelin (Louie Média, depuis 2020)

Que faire de sa colère ?

Tal Madesta

Militant féministe trans et journaliste indépendant, Tal Madesta a commencé son parcours au sein du mouvement des collages contre les féminicides. Il écrit sur les questions liées à l'amour, la violence, les rapports de pouvoir, et il est l'auteur de l'essai *Désirer à tout prix* (Binge Audio Éditions, 2022). S'il y a un compte Instagram à suivre sur ces problématiques, c'est le sien.

Il me semble qu'il n'y a pas d'émotion plus ambivalente et déstabilisante que la colère. Elle peut tour à tour noyer la gorge et nourrir une endurance à toute épreuve. Mais si on se pose la question « Comment être moins en colère ? », c'est qu'on se trouve dans la première situation, celle des personnes que la colère cloue au mur et empêche de respirer à pleins poumons. Si tel est bien le cas, cette tornade incontrôlable que l'on sent en soi devient vite invivable, et le moteur se transforme en obstacle.

Ce sont le plus souvent les femmes et les minorités de genre qui se posent cette question, et ce n'est pas anodin. On nous a appris à nous méfier de notre colère, analysée comme irrationnelle et perturbatrice, contrairement à celle des hommes cis, reçue comme un symbole de force brute, d'intransigeance. **Être moins en colère, c'est donc avant tout une injonction sexiste, un outil de décrédibilisation et de silenciation des minorités** que l'on appelle le *tone policing*, soit littéralement la "modération du ton", ou "injonction à la pédagogie". Qui ne s'est ainsi pas entendu répondre « Calme-toi, tu te décrédibilises ! », ou encore « Quelle agressivité ! » dans le cadre d'un échange que l'on jugeait simplement passionné ?

La réception de la colère est par ailleurs soumise à de nombreux biais racistes. Plusieurs penseuses noires ont travaillé sur cette question, notamment Audre Lorde, essayiste et poétesse états-unienne. Dans *De l'usage de la colère : réponse des femmes au racisme*, elle s'attarde sur le *tone policing* exercé par les femmes blanches :

« Tourner le dos à la colère des femmes noires, avec l'excuse ou le prétexte d'être intimidée, ne donne aucune force à quiconque – c'est uniquement une autre façon de préserver les œillères raciales, le pouvoir des privilèges établis, intouchables, intacts. [...] On demande toujours aux peuples opprimés de tendre un peu plus la joue, de construire un pont entre aveuglement et humanité. [...] Mais cette époque est révolue. Ma colère m'a été douloureuse, mais elle m'a aussi permis de survivre ; et avant de m'en défaire, je vais m'assurer que sur le chemin de la clarté, il existe au moins quelque chose d'aussi puissant pour la remplacer. »

La colère est ainsi éminemment politique. Les dominations systémiques la dépolitisent et la pathologisent. On fait de la colère la preuve indéniable de l'hystérie des femmes et des minorités de genre. Elle serait une illustration de leur incapacité à penser rationnellement le monde, c'est-à-dire de leur impossibilité à penser de manière juste. Or, si notre

interlocuteur nous juge incapable de penser, il considérera également comme inutile de nous entendre et de nous écouter. La réception de la colère est donc genrée : sa valeur variera selon qu'elle est exprimée par un homme cis ou par n'importe qui d'autre.

On doit donc constamment naviguer entre notre propre sentiment d'étouffement, la pression à paraître plus mesuré·e, et notre culpabilité à se voir comme irrationnel·le dans l'œil de l'autre. Mais fermons un instant les yeux et réfléchissons : pourquoi voulons-nous être moins en colère ? Parce qu'elle siphonne notre énergie ? Ou bien parce qu'on ne supporte plus de la voir comme une entrave à la pertinence de notre parole ? C'est la force des mécanismes patriarcaux de délégitimation : ils diffusent dans tout notre être la certitude que c'est notre comportement qui est en cause, et non pas ce que les dominants projettent sur lui.

Pourtant, notre colère est comme un couteau tranchant : il peut être une arme, si on apprend à le manier et à s'en servir. **La colère devient un bouclier et un outil lorsqu'on la politise, qu'on se la réapproprie.** Être moins en colère, c'est échanger un couteau en acier trempé contre un couvert en plastique : on ne se défendra pas mieux contre le monde, on sera simplement désarmé·e. Je propose donc une alternative : plutôt que se demander comment être moins en colère, demandons-nous comment être « mieux » en colère. Autrement dit, interrogeons-nous sur la manière de la faire transiter d'une force qui paralyse à un carburant qui nous fera avancer.

Retournons le stigmate : n'attendons pas l'approbation des dominants pour nous sentir légitimes, parce que ses outils de validation sont pensés de manière à ce que nous ne le soyons jamais. Que cherchons-nous à faire avec notre colère ? Si notre souhait est de nous faire entendre et respecter, alors on nous la reprochera. Parce qu'il n'est jamais bien vu pour nous, femmes et minorités de genre, d'essayer de renverser le rapport de pouvoir dans le jeu de la rhétorique et du débat, pensé par et pour les hommes cis. Pourtant, on peut être en colère et rationnel·le. On peut parler avec fougue et énoncer des arguments justes et valables. Alors, quand ce jeu est perdu d'avance parce que les règles sont créées pour assurer notre défaite, réinventons-les selon nos conditions. On nous reproche une forme d'agressivité et l'on s'en sert pour ternir la justesse de notre propos ? Et alors ! Nous aurons dit ce que nous avons à dire sans autocensure et sans nous plier à des règles établies pour que nous perdions. Nous nous serons exprimé·es de façon émancipée, en nous faisant voir pour ce que nous sommes, en dépassant le miroir déformant tendu par les dominants. Parler deviendra une fin en soi, et non plus un moyen de convaincre un interlocuteur qui ne cherche de toute façon pas à être convaincu.

Enfin, retenons simplement que nous avons toutes les raisons d'être en colère. C'est normal d'être investi·es émotionnellement sur des sujets qui nous touchent : c'est même la preuve de notre humanité. La colère, c'est le terreau de la révolte. C'est notre trésor. Embrassons-le et embrasons le monde.

→ Pour aller plus loin

À lire • *Les yeux dans les yeux : femmes noires, haine et colère*, un article d'Audre Lorde dans *Sister outsider* (éd. Mamamélis, 2003)
À lire • *Le pouvoir de la colère des femmes*, un essai de Soraya Chemaly (éd. Albin Michel, 2019)
À lire • *Notre colère sur vos murs*, un ouvrage du collectif Collages Féminicides Paris (Denoël, 2021)
À lire • *Libérer la colère*, un essai collectif sous la direction de Geneviève Morand et Natalie-Ann Roy (éd. du Remue-Ménage, 2018)
À voir • *Vice-Versa*, un film animé de Pete Docter (2015)
À écouter • Émotions – *La colère est-elle vraiment mauvaise conseillère ?*, un podcast de Cyrielle Bedu (Louie Media, 2020)
À écouter • La poudre – *Notre colère sur vos murs*, un podcast documentaire de Lauren Bastide (2020)

Grandir dans un monde de blanc·hes ?

Grace Ly

Romancière et autrice, Grace Ly mène au quotidien un travail de pionnière dans la déconstruction du racisme. Elle vient de publier le livre *Kiffe ta race* (co-édition Binge Audio Éditions et First), adapté du podcast du même nom, qu'elle a créé avec Rokhaya Diallo.

Comment élever un enfant métis dans un environnement dont la norme est la peau blanche? Comment le protéger du racisme dont il risque d'être l'objet, même de manière inconsciente? En tant que mère d'enfants multiculturels dont la couleur de peau n'est pas celle de la majorité dans notre pays, c'est une réflexion qui me turlupine, que je nourris quotidiennement et qui alimente par ailleurs nombre de conversations entre parents français. Consciente que l'héritage de mes chères têtes brunes sera bien plus large que celui que ma petite personne œuvre à leur transmettre, je suis ravie de partager mes astuces parentales en la matière.
Ce questionnement est d'autant plus pertinent et actuel qu'il répond à une problématique qui préoccupe le monde éducatif: comment se développent nos enfants de 2020, dont les rétines, oreilles et cerveaux sont sollicités, toujours plus et plus vite, par des messages, actes ou images truffés de préjugés ou de stéréotypes racistes? Notre espace public irradie de doutes et d'angoisses sur demain et sur nos identités collectives. Or, l'enfance ne se structure-t-elle pas mieux autour d'habitudes et d'apprentissages, par la répétition, à l'abri de cadres rassurants? Tout à notre époque semble nous conduire vers un saut sans élastique dans l'inédit: autant le faire en tandem avec nos enfants, autant les armer pour qu'iels puissent analyser le monde qui les entoure avant de se propulser seul·es dans l'inconnu en se faisant confiance.

Mon conseil le plus basique est de reconnaître en tant qu'allié·e qu'on est ignorant·e sur les questions raciales et qu'on dispose d'avantages dont les personnes non blanches ne bénéficient pas. **En qualité d'allié·e, il s'agit de mettre à profit ces "privilèges" au service de la justice sociale et des politiques égalitaires.** C'est un combat de chaque instant, qui nécessite de réfléchir à certaines choses qu'on croyait anodines ou d'en remettre en cause d'autres qui allaient de soi et qui nous arrangeaient bien. L'attention portée à la dignité des autres est particulièrement cruciale.
Avouer qu'on ne sait pas, ou qu'on ne vit pas la même réalité en raison de notre couleur de peau, n'est pas aisé, surtout face à un enfant. On aimerait détenir les réponses à tous leurs «Pourquoi?» Pourtant, même nous, les adultes, n'avons pas toutes les solutions! Dans la construction de mes enfants, je considère qu'iels sont les premiers concerné·es. À partir de là, on peut réfléchir ensemble, aller chercher des clés pour comprendre, se fixer des axes pour agir. L'important pour moi est

d'instaurer aussi tôt que possible un dialogue avec mes enfants. Un dialogue qui se déroule comme un exercice qui leur restera, je l'espère, et qu'iels continueront de pratiquer dans le futur avec leurs proches et dans toutes les situations malaisantes qu'iels rencontreraient.
Pour mettre en pratique ce conseil, on peut le décliner sur trois temps de notre quotidien :

À la sortie de l'école
Comment s'est passée ta journée ? Tu veux me raconter ? Je reste à l'affût d'une contrariété, d'une déception, d'une colère, et je tire le fil. Il est important de prendre un temps pour écouter nos enfants ; c'est vrai pour tous les parents, évidemment, mais encore plus lorsque nos enfants sont scolarisés dans des établissements où iels ne ressemblent pas à la majorité de leurs camarades. Entendre une remarque négative sur sa couleur de peau, ses cheveux, ses origines, ou la religion observée par des proches, n'est pas anodin. Rien n'est pire que de se sentir seul·e face au racisme, à la moquerie, aux injustices. Je ne peux pas empêcher les choses de se dire dans la cour de récréation ou dans la classe, mais je peux expliquer à mon enfant en quoi la différence n'est pas un problème. **C'est la hiérarchisation qui pose les bases du racisme.**

À un repas de famille
Dans nos familles, nous ne vivons pas en dehors de la société : le racisme a ses entrées dans nos cercles privés comme dans nos sphères publiques, par exemple quand un tonton fait une observation raciste à table, même pour rire – et nous avons hélas toustes un tonton qui jette des froids palpables. Si nos enfants sont assis à cette même table, ils se retrouvent affecté·es par ces remarques, directement ou indirectement, ce qui change drastiquement la donne : je peux encore moins rester sans rien faire, laisser suggérer à mes enfants que ce n'est pas grave ou sans conséquences. Cela ne veut pas dire que je dois confronter le tonton à chaud ou en faire tout un plat : je sais que je ne changerai pas ce tonton – ou que je n'ai pas d'énergie à y consacrer. En revanche, j'en ai à revendre pour mes enfants : je peux les prendre à part, leur demander comment iels vont. **Leur dire que, non, ce n'est pas normal.** Je peux leur montrer que, moi aussi, j'ai entendu, et que je suis de leur côté.

À la bibliothèque municipale
On lit une petite histoire ? Nos enfants sont sensibles aux représentations. Les héros de leurs bandes dessinées et les personnages de leurs livres préférés les accompagnent pour la nuit et les suivent longtemps après.

Rien n'est pire que de se sentir seul·e face au racisme, à la moquerie, aux injustices.

Il est important que nos lectures reflètent aussi nos vies, et c'est encore plus important pour nos enfants non blancs qui ne sont pas représentés par défaut dans leur univers. Je prends le soin de proposer des lectures et des évasions culturelles qui permettent à mes enfants de se reconnaître et de s'identifier aussi sur le plan physique, **preuves qu'iels peuvent être au centre de leurs récits**.

Ces exemples sont bien sûr indicatifs, et il pourra hélas arriver mille autres situations où nos enfants auront besoin de nous à leurs côtés. Leur insuffler la liberté de se construire et de se redéfinir tout au long de leur vie restera longtemps mon leitmotiv de mère. C'est pourquoi je souhaite à tous les parents d'enfants métis d'avoir de longues discussions, de petits moments de complicité ou toute forme d'échange. De quoi surmonter au mieux le racisme ambiant et, d'une manière ou d'une autre, unir nos forces pour le combattre collectivement, ensemble.

→ Pour aller plus loin

À écouter • *Les enfant du bruit et de l'odeur*, un podcast de Prisca Ratovonasy et Ulriche Ale, qui aborde les expériences, ressentis et problématiques des parents et des enfants au sein de l'école.
À lire • *La puissance des mères*, un essai de Fatima Ouassak (éd. La Découverte, 2020)
À lire • *Comme un million de papillons noirs* et *Le chemin de Jada*, des ouvrages pour la jeunesse de Laura Nsafou, illustrés par Barbara Brun (éd. Cambourakis, 2018 et 2020)
À lire • *Une poupée en chocolat*, un essai d'Amandine Gay (éd. La Découverte, 2021)
À suivre • Le compte Instagram *@monfilsenrose* qui donne des idées de lectures engagées pour les enfants.

La liberté, ça coûte combien ?

Cédric Herrou

Agriculteur engagé installé dans la vallée de la Roya, Cédric Herrou est devenu, un peu malgré lui, un symbole dans l'accueil des réfugié·es en France. Par la manière dont il mène ses combats et surtout dont il les gagne, il est la preuve qu'on peut toujours rencontrer une lueur d'humanité au milieu du désespoir. Nous lui avons demandé ce que ça coûtait de s'engager.

«La peur entrave nos libertés, mais c'est par elle que nous nous libérons.»

L'Homme dépourvu de Liberté pense la lutte comme un sacrifice, une offrande à l'autre, une perte de soi. Car, pour lui, la liberté est une valeur confortable et rassurante, richesse occidentale à valeur institutionnelle, mercantile, interchangeable, recyclable.
Mais depuis ce jour, elle est pour moi tout autre.
La première fois que j'ai vu des "migrants" sur le bord de la route, je ne me suis pas arrêté. Je suis rentré chez moi et j'ai repris mes activités printanières ; désherbage, binage, sarclage, tuteurage des tomates, arrosage des semis. Auparavant, j'étais submergé par la beauté des couleurs : dégradé de verts grimpant les flancs des montagnes jusqu'au bleu profond du ciel. Ce jour-là, malgré la beauté du paysage printanier, la symbiose du chant des oiseaux, la danse des papillons au milieu des cultures, mes pensées étaient ailleurs, restées là sur le bord de la route, perdues dans l'intemporel ; je venais de perdre ma conscience. La liberté que je cultivais depuis petit venait d'être mise en conditionnelle.
L'émotion de Liberté, je la cultive depuis tout petit. Comme la plus précieuse de mes cultures. Semée au plus profond de moi, elle grandit. Comme à une boussole, je lui obéis. Mon havre de paix, je l'ai construit grâce à elle. Elle m'a poussé à quitter mon travail de mécanicien auto pour reprendre ce morceau de terre abandonné aux ronces et au lierre depuis des décennies. Je l'ai construit comme on construirait un nid, loin du monde, loin du bruit, loin des autres.
Voilà quinze ans que je vivais là, je pensais être libre, autonome, engagé. Mais cette famille que j'avais laissée au bord de la route remettait tout en question. J'aurais tout donné pour ne jamais les croiser, car cette question devenue systémique revenait sans cesse : «Mais pourquoi les avoir laissés là ?»
Pourtant, auparavant, je m'arrêtais systématiquement pour prendre des badauds en stop, protéger un chien égaré, enlever une pierre tombée sur la route. Et là, ce n'était pas des badauds, ni même un chien, ni même une pierre, mais des gens, une famille ! Je ne me suis pas arrêté par lâcheté.
J'avais peur de rompre avec mon petit confort d'Homme pensant à lui, rien qu'à lui et à sa "petite" liberté. **Mon confort s'était vu confronté à la liberté d'autres**, d'une famille qui marchait en Homme Libre pour échapper, non pas comme moi à un métier de mécanicien, non pas à une bonne conscience éthique ou morale,

mais à la guerre, à la torture. Leur liberté les avait amenés à quitter leur maison pour survivre car, chez eux, le Soudan était à feu et à sang. Leur liberté les avait poussés aux risques du désert, de la mer Méditerranée, de la torture et de la traite humaine en Libye. Leur liberté les avait rendus acteurs de leurs destins, de leurs vies.

Je me retrouvais face à moi-même, devant mon image vide de sens, la montagne et ses couleurs avaient perdu de leur éclat, les papillons ne dansaient plus, ils volaient, le ciel était d'un bleu quelconque, je venais de perdre l'éclat.

De peur de perdre mon monde, je décidais alors de m'arrêter auprès de la prochaine famille que je verrais au bord de la route. Non pas par pitié, mais par morale. **Je décidais de ne plus choisir entre deux peurs, celle du gendarme ou celle de la lâcheté. J'écouterais ma liberté, je lui obéirais de peur de la perdre à tout jamais.**

Les mois passèrent; ma liberté s'était transformée en solidarité. Le «moi» était devenu «nous», un nous inébranlable, un nous en lutte, une lutte pour la vie, par fol amour de libertés. Nous étions maintenant très nombreux à partager la danse des papillons, les tomates et les poivrons. Dehors, le rouleau compresseur, la police encerclait mon havre de paix, les gardes à vue, les procès, les perquisitions me menaçaient de prison, mais ma liberté m'avait prévenue: «Si tu recommences à ne pas m'écouter, je te quitterai», et pour rien au monde je n'oserai risquer de la perdre.

Sans lutte nous ne serions plus nous; sans nous il n'y aurait plus de lutte, plus de vie. Nous étions pris au piège par la multitude de tourmentes consécutives, passant des pleurs aux rires, des joies aux tristesses, des angoisses aux soulagements. Cette multitude d'émotions qui font que nous nous sentions vivants comme pour la première fois, que nous vivions par notre lutte; une lutte pour la vie sans penser si nous allions perdre ou gagner, peu importe, nous étions bel et bien vivants.

→ Pour aller plus loin

À lire • *Change ton monde*, un récit de Cédric Herrou (éd. Les Liens qui libèrent, 2020)
À lire • *Sans la liberté*, un essai de François Sureau (éd. Gallimard, 2019)
À voir • *Libre*, un documentaire de Michel Toesca qui retrace l'histoire du combat de Cédric Herrou (2018)
À voir • *Ils sont vivants*, un film de Jérémie Elkaïm (2022)
À voir • *Bigger than us*, un documentaire de Flore Vasseur (2021)

Bad boys, good girls ?

Julie Pagis

Chercheuse en sociologie politique au CNRS, Julie Pagis s'est spécialisée dans deux principaux champs de recherche : les trajectoires militantes et les sciences sociales de l'enfance. Elle met des idées sur des évidences qui nous entourent.

Pourquoi les garçons embêtent-ils les filles? Il faudrait commencer par reformuler la question, pour qu'elle décrive mieux la réalité, et cela donnerait: pourquoi la plupart des garçons/hommes s'amusent-ils à énerver les autres? En effet, tous ne le font pas. Et, par ailleurs, certaines filles le font également.
C'est de ce constat, probabiliste en quelque sorte, que la réflexion doit partir. Il permet tout d'abord d'écarter, s'il en était encore besoin, les explications biologiques (il n'y a ni gène masculin, ni hormones masculines de l'agressivité). Il permet ensuite de souligner l'existence de différents types de masculinité (et de féminité), qui renvoient à des représentations et des pratiques distinctes. Or, l'expression de son pouvoir sur les autres (sur les femmes notamment, mais pas exclusivement) et les différentes formes de violence qui la sous-tendent sont caractéristiques d'un type de masculinité que Raewyn Connell qualifie d'« hégémonique » parce qu'elle occupe une position de leadership et « qu'elle est culturellement glorifiée au détriment d'autres formes de masculinité ».

Pour comprendre d'où proviennent, chez la majorité des garçons, ces dispositions agonistiques (c'est-à-dire ces manières d'être, de faire, liées à la confrontation et à la rivalité avec les autres), il faut remonter à ce que les sciences sociales nomment la socialisation de genre. C'est-à-dire aux processus par lesquels **la plupart des garçons intériorisent, au cours de leur jeunesse (mais cela continue ensuite), ces dispositions à la virilité, à la confrontation et à la conflictualité**. Là où les filles seront plus nombreuses à être socialisées à la consensualité, à la patience ou à l'empathie. Il est important de distinguer ici la part explicite de la socialisation, qui renvoie à l'éducation, de sa part implicite qui renvoie, elle, à tout ce que les agents socialisateurs transmettent aux enfants de manière plus diffuse et involontaire, par leurs manières d'être, de parler, d'interagir, etc.
Ces agents socialisateurs sont multiples: les parents constituent les premiers modèles masculins et féminins pour le jeune enfant, avec ses éventuel·les grand·es frères et sœurs. En grandissant, l'école et le centre de loisirs, ainsi que les groupes de pairs (et les réseaux sociaux qui leur sont associés) vont jouer un rôle croissant. On pourrait penser que l'école républicaine ne traite pas de manière différente les filles et les garçons. Pourtant, divers travaux ont montré que, dans l'ensemble, les enseignant·es, sans en avoir d'ailleurs conscience, n'ont pas les mêmes attentes et donc les mêmes jugements vis-à-vis des unes et des autres. Ainsi, une fille qui taquine les autres sera davantage sanctionnée

qu'un garçon. En effet, la représentation des garçons que se font nombre d'enseignant·es est associée à la turbulence, au conflit, si bien que les garçons qui s'amusent à taquiner les autres sont dans la norme (« C'est bien un garçon, celui-là ! »), là où les filles qui font de même transgressent les représentations dominantes.

Les animateurices des centres de loisirs jouent également un rôle important dans la socialisation de genre des enfants, et ce, d'au moins deux manières. Ceux qui performent une masculinité hégémonique vont s'exprimer régulièrement en termes de rivalité et de conflictualité et s'amuser à taquiner les autres (les animatrices, les enfants) ; ils participent à la transmission de ces normes masculines, en particulier aux garçons : en effet, les enfants vont davantage s'identifier à des modèles adultes de leur sexe. Mais c'est également dans les jeux proposés aux enfants par les animateurices que s'intériorisent des (dé)goûts : pour ne prendre qu'un exemple, les garçons s'inscrivent davantage dans des activités valorisant la compétition et développent, ce faisant, des dispositions agonistiques.

Enfin, **les groupes de pairs, et la norme d'hétérosexualité qu'ils véhiculent, constituent sans doute le vecteur le plus influent de la socialisation de genre dans l'enfance et l'adolescence**. Comme l'ont montré de nombreuses études sociologiques, à l'école primaire, les filles et les garçons jouent dans des groupes largement non mixtes, et les jeux auxquels iels jouent sont au cœur de leur socialisation de genre. Tous les jeux qui reposent sur la compétition ou le conflit (jeux de bagarre), particulièrement prisés par les garçons, participent à l'incorporation de dispositions à percevoir les autres comme de potentiels rivaux et rivales. Par ailleurs, les garçons occupent la quasi-totalité de l'espace dans les cours de récréation (avec le foot notamment) et relèguent les filles dans les 10 % restants. Pourtant, cet ordre géographique genré ne suffit visiblement pas à l'appétit des garçons, qui jouent régulièrement à pénétrer dans l'espace des filles pour les énerver et les taquiner justement!

Ils franchissent alors la barrière de genre, pour s'approprier, temporairement et sans le consentement des secondes, une partie de leur espace. **Ces jeux d'agression des territoires féminins socialisent les garçons à l'expression du pouvoir des hommes sur les femmes (caractéristique de la masculinité hégémonique) et rappellent ces dernières à l'ordre du genre.**

Mais c'est peut-être au sein même des groupes de pairs que les rappels à l'ordre et les sanctions contre toute transgression de genre sont les plus dures. Ainsi, un garçon qui joue avec les filles, ou qui est jugé trop "doux" ou "gentil" avec elles, sera soit soupçonné d'être "amoureux", soit traité de "pédé", ce qui, dans un cas comme dans l'autre, doit être évité à tout prix pour échapper à la sanction de l'inimitié, tant redoutée à cet âge-là.

Ainsi, et paradoxalement, c'est souvent par peur d'être exclus de leur groupe d'amis que les garçons en viennent à rejeter les autres.

→ Pour aller plus loin

À lire • *L'enfance de l'ordre. Comment les enfants perçoivent le monde social*, un essai de Wilfried Lignier et Julie Pagis (éd. du Seuil, 2017)

À lire • *Le pédé, la pute et l'ordre hétérosexuel*, un article d'Isabelle Clair dans la revue Agora débats/jeunesses (2012)

À lire • *Les crocodiles*, une BD De Thomas Mathieu (éd. Le Lombard, 2014)

À voir • *Tomboy*, un film de Céline Sciamma (2011)

À écouter • Les couilles sur la table #2 – *L'amour, c'est pas pour les garçons*, un podcast de Victoire Tuaillon (Binge Audio, 2018)

Consentir : oui, mais comment ?

Alexia Boucherie

Autrice de l'ouvrage *Troubles dans le consentement* (éd. Les Pérégrines, 2019), Alexia Boucherie questionne avec finesse et modernité ces "zones grises" de la sexualité quotidienne. Elle nous aide à trouver des réponses aux questions qu'on devra se poser un jour ou l'autre.

Plusieurs imaginaires et lexiques sont convoqués lorsque l'on se demande ce qu'est le consentement. Il y a le registre juridique, qui va essayer de démêler le consentement des violences sexuelles. Il y a l'éducation sexuelle, qui va parler de consentement en des termes de respect, d'égalité, d'amour, d'échange. Et puis il y a les discours militants féministes, qui œuvrent à faire du consentement une véritable éthique politique (« oui, c'est oui », « non, c'est non », « sans oui, c'est non ») sur laquelle fonder notre morale sexuelle, afin de sortir des carcans hétéronormatifs qui orientent notre apprentissage de la sexualité. Mais... concrètement, en dehors de ces riches débats théoriques, comment fait-on pour pratiquer le consentement dans nos relations sexuelles les plus quotidiennes ? Une partie de mon travail de thèse est consacrée à cette réflexion. Je m'intéresse ainsi à la matérialisation du consentement dans des lieux, des gestes, des émotions, et à leur ensemble, qui compose des scripts incorporés, rejoués et parfois modifiés.

Dans chacun de mes entretiens, réalisés auprès de jeunes adultes de 18 à 25 ans, je leur demande de m'expliquer comment iels expriment leur consentement et identifient celui de leur(s) partenaire(s). La première réponse est presque systématiquement la même : « ça se voit », « ça se sent », « ça vient naturellement ». En tant que sociologue, je sais que, lorsqu'une répétition d'un ordre "naturel" des choses est convoquée pour expliquer une interaction humaine, c'est qu'il y a des choses à creuser pour en faire sortir la construction sociale. Ainsi, pour aller au-delà d'une lecture strictement sensible et sensitive du consentement, je leur demande d'essayer de me raconter, concrètement, sur quels gestes iels se basent pour estimer que l'interaction sexuelle est désirée. En d'autres termes, quels comportements adoptent-iels pour générer une relation sexuelle ? De même, pour mieux comprendre et contextualiser cette idée de "nature", je leur demande de me préciser les contextes spatio-temporels dans lesquels iels se sont trouvé·es avant et pendant la relation sexuelle qu'iels ont choisi de me décrire. En effet, il s'avère que les lieux, les pièces de logement, la nature des liens entretenus, sont aussi des éléments qui orientent le jugement d'une situation comme consentie ou non.

De tout cela, il ressort un script hégémonique, qui semble commun à toute orientation sexuelle, de genre, de race et de classe, et qui, si l'on se réfère à des études états-uniennes des années 2000, ne connaît pas d'évolution significative dans le temps. Ce que ces études montrent, c'est que les étudiant·es interrogé·es vont plutôt rapporter l'utilisation de stratégies de communication et d'identification non verbales du consentement. Les fois où le verbal est utilisé, c'est aussi au travers d'allusions implicites. Par exemple, proposer un "dernier verre" au domicile en est un schéma type qui revient régulièrement chez mes enquêté·es, et qui est d'ailleurs décrit par les hommes hétérosexuels que j'ai rencontrés comme une stratégie à acquérir. Ce premier élément engage le script avec le passage d'une situation festive publique où la rencontre s'est déroulée (une fête privée, un bar, etc.) à un espace privé, intime, qu'est le domicile. Si ce premier pas est accepté, il va y avoir une deuxième intimité géographique avec le passage du salon à une chambre à coucher ou un lit. Ce déplacement va être proposé avec la même attention à garder le sexuel implicite, du type « On dort ensemble » ou « On va regarder un film dans mon lit ? » Tout est fait pour que la relation sexuelle se produise "naturellement", sans subjectiver la mise en scène que les personnes suivent et qu'elles mettent elles-mêmes en place pour créer un contexte qui est favorable à une relation sexuelle.

Cette attention aux espaces est, à mon sens, très intéressante, car cela permet aux personnes, notamment aux femmes hétérosexuelles et aux hommes gay, d'échapper à la relation sexuelle sans la refuser explicitement, par le fait d'éviter de se retrouver dans un lit. Avec ce stratagème, le script "d'acceptation" est rompu tout en ménageant les ego des personnes, puisque le malaise du refus au dernier moment est contourné – situation que les individus semblent à tout prix vouloir éviter. **Il y a là l'idée qu'il est plus compliqué, d'une part, d'émettre un refus verbal direct, et d'autre part de s'extraire du script qui débouche sur une relation sexuelle une fois que l'on y est trop inscrit·e.** C'est d'ailleurs dans ce cadre que l'on retrouve des récits de relations sexuelles qui ont été acceptées par défaut plus que par désir, avec une universalité partagée du fait que, passé un certain cap, il est plus coûteux d'éviter la relation sexuelle que de l'accepter.

Une fois qu'il y a eu ce rapprochement des corps dans l'espace, une seconde partie de ce script se met en route, toujours non verbale : la réciprocité des contacts corporels, avec une gradation des touchers ou des baisers vers les zones génitales, avec parfois une étape intermédiaire sur les zones dites érogènes (le cou pour toustes, la poitrine et les tétons pour les femmes hétéros ou lesbiennes, les tétons et les fesses pour les hommes gay). Si ce

script n'est pas interrompu, on passe à la phase dite des préliminaires, c'est-à-dire du sexe oral et masturbatoire, souvent mutuel, suivi d'une pénétration génitale ou anale.

En résumé, hormis dans le cas de spécificités où de la douleur et des pratiques "inhabituelles" peuvent entrer en jeu, le consentement ne s'exprime ni verbalement, ni directement, mais se déduit par le non-refus de ce script de gradation dans l'intime. Certains éléments vont être considérés comme des "confirmations" physiologiques, c'est-à-dire l'érection, une respiration plus rapide, des gémissements, la lubrification, les pupilles qui se dilatent, etc., mais il n'y a pas de volonté de s'assurer régulièrement du consentement de la personne au-delà des signes performatifs qu'on attribue au plaisir.

En d'autres termes, **il y a une forte intériorisation du consentement comme étant une responsabilité individuelle**, et qu'il ne tient qu'aux personnes de refuser, sans prendre en compte les effets de l'incorporation d'un script qui semble difficile à interrompre une fois qu'on est dedans, et sans prendre en compte non plus les effets des rapports de pouvoir qui peuvent orienter la performance d'un consentement sans pour autant que l'envie soit présente.

Ce sont justement toutes ces pratiques implicites, ces scripts hétéronormés, les stéréotypes autour des réactions physiologiques comme témoins d'un désir sexuel, que les associations ou collectifs féministes souhaitent déconstruire, en les remplaçant par des modèles de verbalisation explicite de ce qu'on attend de l'autre. De même, la réponse doit être enthousiaste, plutôt que de jouer sur des non-dits, voire de profiter de la situation en maîtrisant et en entretenant ces codes implicites qui nécessitent qu'une personne ait un capital de confiance suffisant pour reconnaître, affirmer et assumer un refus et les conséquences que cela peut avoir (que ça aille de représailles relationnelles à des violences sexuelles). Et cela se confirme dans mon étude puisque l'évolution du script de base vers d'autres pratiques plus explicites et verbalisées se retrouve uniquement chez les personnes qui ont vécu des violences sexuelles, ou chez les personnes qui évoluent dans des milieux féministes qui formulent une critique politique du régime hétérosexuel.

Dans ce deuxième modèle, basé sur une communication bien plus explicite et verbale, les personnes opèrent une rupture du script hégémonique par le fait de poser des questions: «Est-ce que je peux te pénétrer?», «Je continue comme ça?», «T'en as envie?» Le consentement n'est plus une question de simple ressenti, de gestes qui *ont l'air* d'être appréciés, même si ces facteurs de plaisir sont aussi mobilisés. Contrairement au premier script, **on part ici du principe que les personnes ne sont pas consentantes au préalable, et qu'il ne s'agit en aucun cas de convaincre l'autre**. Les envies sont communiquées, et le refus, ou le silence, sont considérés comme des limites à ne pas dépasser. De plus, les personnes considèrent que seule une affirmation concrète (verbale comme non verbale, mais explicite) signale le consentement, allant ainsi à l'encontre des présupposés selon lesquels *si la personne ne refuse pas, je peux continuer*. Ce qui change n'est pas nécessairement l'enchaînement des gestes mentionnés précédemment, mais la dénaturalisation de celui-ci. En ce sens, chaque étape est plus ou moins questionnée, créant parfois des agacements pour des partenaires qui souhaiteraient que l'échange sexuel se fasse plus "naturellement".

Reste alors à élaborer un cadre suffisamment sécurisé pour que les personnes s'autorisent à formuler leurs véritables (non-)envies. Par exemple, en précisant que la relation sexuelle n'est pas une étape obligatoire dans la relation amoureuse, qu'il n'y aura pas de conséquences négatives à la suite d'un refus, que lorsque l'on propose de dormir ensemble, on dormira ensemble, sans tentative de sexe.

Car malgré toutes les précautions qui peuvent être prises en adoptant un script plus verbal, moins sous-entendu, la sexualité reste ponctuée d'injonctions au "mieux-jouir", au "faire-plaisir", et des hantises intériorisées du "mal-baiser" qui causerait la solitude éternelle (avec des chats) et une aigreur certaine. Plus sérieusement, adopter un script sexuel "positif", comme le recommandent des associations et collectifs de lutte contre le viol, n'inverse pas réellement la responsabilité du consentement. De ce fait, les rapports de pouvoir demeurent invisibilisés: « J'ai demandé son consentement, iel m'a dit oui, alors qu'en fait iel ne voulait pas vraiment, pourquoi? » Parce que s'affirmer dans la pratique de sa sexualité demande une confiance, une assurance, un "capital sexuel" suffisamment élevé pour que (non-) désir et (non-)consentement soient corrélés. Et il semblerait que, comme pour les capitaux économiques, culturels et sociaux dont parle le sociologue Pierre Bourdieu, ce soient les personnes qui sont en position de domination qui bénéficient de ce capital sexuel plus élevé. Il semblerait aussi que, plus l'écart égalitaire est creusé entre les partenaires, plus les risques de s'imposer ou de se voir imposer une relation sexuelle non désirée soient forts. Ainsi, la mise en place du deuxième modèle de consentement apparaît comme plus préventive des violences sexuelles, mais ne suffit pas à les éradiquer complètement.

→ Pour aller plus loin

À lire • *Sex and the series*, un essai d'Iris Brey (éd. de l'Olivier, 2018)
À lire • *Le consentement*, un récit de Vanessa Springora (éd. Grasset, 2020)
À voir • *Normal people*, une série de Sally Rooney, Alice Birch et Mark O'Rowe (2020)
À écouter • Programme B #195 – *Petit rappel (nécessaire) sur le consentement*, un podcast de Thomas Rozec (Binge Audio, 2019)
À écouter • Transmission #8 – *Tout de suite les grands mots*, un podcast de Norah Benarrosh-Orsoni (2019)

Vous avez dit orgasme ?

Diane Saint-Réquier

Éducatrice et formatrice en santé sexuelle, Diane Saint-Réquier est la fondatrice de *Sexy Soucis*, site devenu une ressource essentielle pour trouver des réponses à toutes, mais vraiment toutes les questions que l'on peut se poser sur le sexe.

C'est quoi l'orgasme ? Il y a tellement de clichés étranges et persistants sur le sujet que je me suis dit que ça valait le coup de les fact-checker...

FACT 1 : L'organe clé pour orgasmer, c'est le... CERVEAU ?

Eh oui, c'est entre nos oreilles, et pas entre nos cuisses, que se trouve le centre du plaisir ! C'est ce qui explique qu'on peut avoir des orgasmes sans contact physique, par exemple pendant un rêve hyper sexy. Ces orgasmes spontanés, par la seule pensée, ne sont évidemment pas les plus courants : selon le rapport Kinsey, ça concernerait 2 % des femmes (cisgenres, j'imagine puisque ça date des années 1950). La plupart du temps, quand on a un orgasme en contexte sexuel, ça se produit par une stimulation sensorielle, en particulier par le toucher.

En gros, les capteurs sous la peau font passer le message au système nerveux central, qui transmet au cerveau. Le cerveau traite l'info et, éventuellement, envoie une dose d'hormones qui font beaucoup de bonheur à l'intérieur de toi. Ce sont les mêmes hormones qui provoquent des contractions involontaires des muscles du plancher pelvien, avec ou sans éjaculation. L'idée pour orgasmer, c'est donc de se toucher, se frotter, se lécher, se caresser ou se pénétrer, en utilisant son imagination et pas seulement ses organes géni(t)aux...

FACT 2 : Tout notre corps est (potentiellement) orgasmique ?

Quand on parle d'anatomie de la sexualité, le plus souvent, on pense d'abord au pénis et au vagin, les stars du coït cis-hétérosexuel à visée reproductive, puis éventuellement au clitoris, organe dédié au seul plaisir. Mais en réalité, du sexe à l'anus en passant par le périnée, c'est toute la zone qui est très sensible et interconnectée. Des embranchements du nerf pudendal, autrefois appelé "nerf honteux", s'entrelacent avec les muscles pelviens, les ligaments et tendons qui suspendent le clitoris ou le pénis, les relient à l'anus, l'urètre ou aux testicules... Bref, on ne va pas se mentir, stimuler cette zone, c'est souvent une manière très efficace d'avoir un orgasme. Mais il y a pleinnnnn d'autres parties du corps qui peuvent procurer du plaisir : la bouche, les tétons, mais aussi les mains, les pieds, la nuque ou le creux des bras et des genoux (si, si).

Le truc, c'est qu'on ne ressent pas toustes le plaisir de la même manière, et il y a un côté purement physiologique à ça. Par exemple, en fonction de la longueur des branches internes du clitoris, de leur positionnement et de leur inclinaison, ça peut changer la façon dont on aime être stimulé·e. Idem si le gland du clitoris est plus ou moins proéminent, si celui du pénis est circoncis ou, au contraire, s'il se décalotte difficilement, si le col de l'utérus est bas, ou rétroversé, si on a une blessure ou une infection qui rend le contact douloureux... Il y a plein de variations anatomiques qui jouent un rôle dans la diversité des plaisirs. Mais le fait d'investir telle partie du corps d'une charge érotique et pas telle autre ou le fait que notre cerveau interprète des signaux comme du plaisir et non de l'inconfort, émane aussi de notre construction. Et c'est ce qu'on va aborder maintenant !

FACT 3 : Le plaisir, ça se (dé) construit et ça s'apprend ?

#LeSachiezTu ? Contrairement à la douleur, le plaisir sexuel n'est pas inné, il se développe et peut changer tout au long de la vie, influencé par nos expériences, nos rencontres et aussi nos idées ! Malheureusement, dans notre contexte socioculturel encore très hétéronormatif, ça signifie qu'une partie de nos plaisirs est influencée par des rôles de genre très codifiés et limitants.
Je pense par exemple à la majorité des mecs cis-hétéros qui n'envisagent pas d'explorer leur plaisir anal/prostatique, ou même de se faire stimuler les tétons, deux pratiques largement considérées comme féminisantes, et donc dégradantes. *Big up* aussi au clitoris, grand oublié dans l'hétérosexualité, alors que plus de 94 % des personnes qui ont un clitoris ont besoin d'une stimulation externe (seule ou en même temps qu'une pénétration) pour atteindre l'orgasme. Mais comme le rôle des meufs, c'est de jouir en recevant la pénétration d'un pénis pendant sept minutes, durée moyenne d'un coït, et que tonton Freud a dit que l'orgasme par stimulation externe était immature, on se retrouve avec d'autres statistiques très sympathiques. Selon une autre étude, les hommes hétéros sont 95 % à avoir fréquemment ou toujours des orgasmes lors des rapports, contre 65 % des femmes hétéros. Cherchez l'erreur.

La bonne nouvelle, c'est qu'on n'est pas condamné·es à se plier aux injonctions normatives et qu'on peut littéralement créer de nouveaux chemins du plaisir, de nouvelles connexions neuronales, de nouvelles associations mentales... *Take a walk on the wild side !* Que ce soit par la masturbation, l'utilisation de sextoys, le bondage, le slow sex, la méditation orgasmique, le BDSM, en regardant, lisant ou écoutant du porno queer, en discutant avec des partenaires,

Dans notre monde hétéronormatif, une partie de nos plaisirs est influencée par des rôles de genre très codifiés et limitants.

il y a mille manières d'inventer sa sexualité, seul·e ou accompagné·e. Quant à faire jouir son ou sa partenaire, puisqu'on est toustes si différent·es dans nos manières de prendre du plaisir, je dirais que la première étape, c'est de lui demander ce qu'iel préfère, tout simplement. Et pourquoi pas en profiter pour lui glisser quelques-unes de nos préférences au passage. Mais surtout, SURTOUT, ne pas faire une fixation sur l'idée de "donner un orgasme" à son ou sa partenaire, ce qui est à la fois stressant, contre-productif et narcissique *as fuck*. Donc on se détend sur l'orgasme à tout prix, on respire un coup et on se rappelle qu'on est là pour s'amuser ensemble.

→ Pour aller plus loin

À lire • *Jouir : en quête de plaisir féminin,* un essai de Sarah Barmak (éd. La Découverte, 2019)
À voir • *Sexify*, une série de Piotr Domalewski (depuis 2021)
À voir • *Clit révolution*, une série documentaire d'Elvire Duvelle-Charles et Sarah Constantin (2019)
À suivre • *Jouissance club*, le compte Instagram de Jüne Plã
À écouter • Les couilles sur la table #24 – *Les orgasmes masculins*, un podcast de Victoire Tuaillon (Binge Audio, 2018)

Le cinéma peut-il influencer le réel ?

Catherine Corsini

Figure essentielle du cinéma français, Catherine Corsini vient de réaliser *La fracture*, un film résolument contemporain qui, avec justesse, met en scène les fractures sociales de notre société. Et nous au beau milieu de tout ça.

Lors des débats autour de mon dernier film, *La fracture*, on m'a souvent demandé si le réel m'avait influencée. Parce que l'action se déroule dans le service des urgences d'un hôpital parisien, on a même parlé de documentaire, alors qu'il n'en est rien. Tout est écrit avec précision, chaque personnage a une trajectoire. Cette nuit est complètement inventée. Mais les soignant·es qui jouent sont des soignant·es dans la vie et apportent une vérité, une expertise, une justesse. Certaines situations sont issues d'une observation de terrain qui convoque le réalisme.

À l'inverse, on m'a rarement posé la question de l'influence du cinéma sur le réel. Le cinéma a-t-il ce pouvoir? Est-ce qu'un film peut toucher au-delà des spectateurices concerné·es, peut interpeller une classe politique, faire bouger les lois, changer la perception du monde? Est-ce que *La fracture* peut changer l'image qu'on avait des Gilets jaunes et, s'il montre la détresse de l'hôpital, est-ce que cela peut donner lieu à des bouleversements structurels?

« Nous pouvons améliorer les images du monde et comme ça nous pouvons améliorer le monde. » Cette phrase qu'a dite Wim Wenders m'a bouleversée, elle a été un déclic, elle n'a cessé de m'obséder. Quel beau programme! En fait, pour améliorer les images du monde, il faut savoir comment montrer ses images. **Nous avons une responsabilité dans ce que nous donnons à voir.** Dénoncer n'est pas un programme, cela relève de la militance; étaler de l'émotion comme de la crème est aussi une façon de mentir. Le cinéma doit-il utiliser le mensonge pour arriver à ses fins? Je ne le crois pas; peut-être le cinéma industriel, qui vous accapare et vous met sous apnée, mais pas le cinéma artisanal. Je fais le pari de ce qui me semble être la "justesse" même si je sais qu'elle est relative. Y tendre amène la réflexion. Rendre compte, montrer des femmes et des hommes qui appartiennent à la même société, même s'ils sont à des endroits différents culturellement, même s'ils ne viennent pas du même milieu social, les montrer avec justesse et respect, c'est mon travail.

Comment faire monde? Pour *La fracture*, j'ai tenté de tendre ce miroir du réel. Un réel retravaillé par la fiction, par la comédie et le drame. En montrant le film aux soignant·es et en découvrant leur réaction, j'ai pu voir leur fierté d'être devenu·es des personnages de fiction. Iels ne sont pas simplement des porte-parole, iels existent en tant que personnages. Iels font récit. J'ai compris que le cinéma pouvait apporter réconfort et espoir, et peut-être donner une image de l'autre différente que celle qu'on a a priori. **Le cinéma peut faire bouger notre rapport à l'autre.** Il nous renseigne sur l'autre. Le film décrit le chaos, mais prend à contre-pied le pari de l'écoute : il faut s'entendre pour qu'advienne autre chose que l'opposition, la haine et la violence.

Le cinéma est une utopie, construite. Comme on dit : il y a des films où il fait bon vivre.

Vivre dans *La fracture*, c'est vivre dans cette utopie de fraternité, où la demande est de prendre le temps de s'écouter.

Est-ce pour autant que le film a fait incursion dans le réel, a touché plus large que celles et ceux déjà convaincu·es de la réalité de ce constat ? Je ne crois pas. Malheureusement, les films sont noyés. Ken Loach dénonce sans relâche dans ses films les normes du néolibéralisme et montre comment les travailleureuses pauvres sont

aliéné·es, mais sa force est de rester foncièrement optimiste, de ne pas renoncer. Ses films restent une preuve vivante du cinéma qui, s'il ne change pas le réel, apporte un témoignage, demeure une preuve puissante de l'état du monde. Et ces films restent, par leur humanité, comme des cailloux sur un chemin. Ils réconfortent.

→ Pour aller plus loin

À voir • *I, Daniel Blake*, un film de Ken Loach (2016)
À voir • *120 battements par minute*, un film de Robin Campillo (2017)
À lire • *Le regard féminin, une révolution à l'écran*, un essai d'Iris Brey (éd. de l'Olivier, 2020)
À écouter • Les couilles sur la table #56 – *Male gaze, ce que voient les hommes*, un podcast de Victoire Tuaillon (Binge Audio, 2020)

Médecine pour toustes ?

Miguel Shema

À côté de ses études de médecine, Miguel Shema tient l'excellent compte Instagram Santé & Politique qui s'intéresse plus particulièrement au rapport qu'entretient le monde médical avec les corps minoritaires. Une parole experte et libre.

Dans *Le combat Adama* (co-écrit avec Assa Traoré), Geoffroy de Lagasnerie écrit :

« Nous ne pouvons vivre dans ce monde et croire aux institutions et aux idéologies qui les soutiennent qu'à condition que certaines réalités soient renvoyées à une zone d'invisibilité. Lorsque nous appréhendons ces réalités, le monde apparaît sous un autre jour et la fonction réelle des institutions aussi. Les décrire ne signifie donc pas seulement augmenter l'espace du visible : c'est interpeller le monde dans sa constitution même, confronter chacun aux privilèges dont il jouit et aux mécanismes de persécution qui sont solidaires des avantages dont, consciemment ou inconsciemment, il profite (le simple fait, par exemple, de pouvoir marcher dans la rue sans être contrôlé ou avoir peur de l'être). »

Ces lignes, écrites à propos de la police, nous permettent aussi de penser à une institution comme l'hôpital, et au système de santé en général. Il faut nous poser les questions suivantes : Que fait le système de santé ? Quelle est la vérité de notre système de santé ? Est-ce qu'il prend soin des corps ? Est-ce que l'action du monde médical est de vraiment soigner les malades ? Quelle est la ligne de partage entre celleux qui sont correctement soigné·es, et les autres ? Poser ces questions en France est presque impossible. **Dire en France que la médecine soutient certaines vies et en abandonne d'autres, et même en détériore d'autres, est inaudible.** Combien de fois entendons-nous dire : « La France, ce n'est pas les États-Unis », ou encore : « Mais il y a la carte Vitale ! », comme si avoir une carte Vitale protégeait d'être maltraité par le système médical. Même parmi les personnes qui tiennent un discours critique à l'égard du fonctionnement actuel de l'hôpital public, on ne parle pas, ou à peine, de la ligne de partage – ou plutôt des lignes de partage – entre celles et ceux qui sont correctement soigné·es et les autres. Très souvent, la critique de l'hôpital public ne se fait que par un discours moral : l'hôpital public ne serait pas "humain", et il faudrait, pour que l'hôpital public fonctionne correctement, faire un retour vers "l'humain". Même si je comprends la raison de cet argument, qui fait souvent référence aux cadences impossibles imposées aux médecins, aux infirmièr·es, aux aide-soignant·es et aux brancardièr·es, il me semble que ce n'est pas un retour à "l'humain", un retour à une certaine morale ou bien un simple rappel déontologique qui nous permettra de faire face aux problèmes du système médical. La solution qui nous permettrait de lutter contre les rapports de domination dans le système de santé, ce serait que celui-ci ait une pratique réflexive, et donc une analyse de ses actions, et une politisation du rapport qu'il entretient avec les corps minoritaires. **Ce n'est que par une analyse sociologique de sa pratique que la médecine pourra se donner les moyens de soigner et de prendre en charge tous les corps.**

La critique du système de santé ne peut pas se limiter aux cadences, aux nombres de lits et de soignants : c'est comme si Pierre Bourdieu, dans sa critique du système scolaire déployée dans *Les héritiers*, co-écrit avec Jean-Claude Passeron, s'était limité à parler du nombre de professeurs et d'élèves par classe. Tout imputer aux cadences et aux indicateurs chiffrés, c'est refuser de voir les processus de domination et leurs effets. Or, si l'on veut comprendre le système de santé et ce qu'il produit objectivement, il faut avoir en tête que la perception de certains corps par le monde médical ainsi que l'histoire sociale et politique de ces corps (aussi bien au sein du monde médical qu'en dehors) ont un impact significatif sur leur prise en charge.
Prenons l'exemple des maladies dermatologiques : on sait que les symptômes de ces maladies ne se présentent pas toujours de la même manière sur des peaux blanches et des peaux noires. On sait aussi qu'il est très rare de voir des peaux non blanches dans les livres de dermatologie. Cette absence de représentation des symptômes sur des peaux noires a pour conséquence de retarder le bon diagnostic et d'entraîner d'éventuelles complications. Il peut même arriver que le bon diagnostic ne soit pas établi et que les personnes noires atteintes de ces maladies se retrouvent sans le traitement adéquat. On pourra mettre le nombre de soignants et de lits suffisants, cela ne permettra pas de régler le problème.

Ce qui permet au système de santé de ne pas se confronter à ce qu'il fait objectivement réside dans sa croyance que les corps en face de lui ne sont que des corps biologiques, alors que ces corps sont aussi des corps sociaux, c'est-à-dire des corps qui sont le produit d'une histoire politique et sociale. C'est le sociologue britannique David Blane qui écrivait : « Les expériences sociales passées s'inscrivent dans la physiologie et la pathologie du corps. Le social est littéralement incorporé. »
Les soignants croient aussi que, ayant prêté le serment de soigner tous les gens avec le même dévouement, ils ne peuvent être à l'origine d'aucune maltraitance liée, par exemple, au racisme – inconscient ou non – du système de santé. Comment oublier le communiqué de presse du Conseil

national de l'ordre des médecins et du Conseil national de l'ordre des infirmiers à la suite des polémiques autour du collectif Globule noir ? Pour rappel, Globule noir produisait une liste de médecins noirs dans le but de permettre aux patient·es noir·es de trouver un médecin au fait de leurs spécificités de santé et des difficultés auxquelles iels sont confronté·es dans le système de santé. À cela, l'ordre des médecins et l'ordre des infirmiers ont répondu :

« Des listes de soignants classés selon leur couleur de peau ont été diffusées sur Internet et les réseaux sociaux ces derniers jours. Le CNOM et le CNOI ne peuvent que s'élever contre cette initiative, qui va à l'encontre des principes fondamentaux de nos professions, mais aussi de notre République. Engagés au service de la population, les professionnels de santé ont prêté serment de soigner avec le même dévouement et la même abnégation, quelles que soient les origines, la couleur de peau, la situation sociale ou les orientations religieuses, philosophiques ou sexuelles de leurs patients. Ils les écoutent, les examinent et les prennent en charge dans le respect de chacun, sans aucune discrimination selon leur état ou leurs convictions. »

Il semble nécessaire de rappeler aux soignants que proclamer une chose ne suffit pas à la rendre réelle. Il ne suffit pas de prêter le serment de soigner chaque patient avec le même dévouement pour que ce soit le cas ; proclamer ne suffit pas à changer l'organisation du monde social et les mécanismes de domination qui le régissent.

Que fait le système de santé ? Quelle est la vérité de notre système de santé ? J'ai dit pourquoi ces questions étaient inaudibles en France, mais je n'y ai pas répondu. Pour y répondre, je vais faire un passage par la critique que Bourdieu a faite du système scolaire : dans *Les héritiers*, il a montré que, malgré toute la bonne volonté que peuvent avoir les profs, le système scolaire fonctionne à l'élimination des classes populaires. On pourrait dire sans aucune exagération qu'un monde médical qui refuse de prendre en compte les questions raciales, de classe, de genre, de sexualité et de validisme, est un monde médical qui fonctionne à exclure purement et simplement ces patients minoritaires et donc à les exposer à des morts prématurées. **On pourrait dire que le système de santé fonctionne à l'élimination des personnes minoritaires.**

Comme l'écrivait Geoffroy de Lagasnerie dans l'extrait déjà cité, nous ne pouvons pas croire aux institutions et aux idéologies qui les soutiennent, et il existe un gouffre abyssal entre la manière dont les soignants vivent ce qu'ils sont et ce qu'ils font, et la réalité de ce qu'ils sont et ce qu'ils font. Quand le système de santé affirme qu'il « fait accoucher les femmes », il faut comprendre, comme le dit Marie-Hélène Lahaye dans son livre *Accouchement : les femmes méritent mieux*, que le système de santé torture les femmes pendant leur accouchement. Oui, j'ai bien dit « torture ». Par exemple, en les empêchant de manger ou de boire pendant l'accouchement. « Depuis 2010, indique Marie-Hélène Lahaye, la science est formelle : boire et/ou manger ne présente ni bénéfice, ni danger particulier tant pour les femmes à bas risques de complication que pour les nouveau-nés, de sorte que le choix de s'alimenter devrait être laissé aux femmes. Cela n'empêche pourtant pas un grand nombre de praticiens de continuer à invoquer cette interdiction érigée en précepte religieux. » On peut aussi renvoyer au témoignage d'une femme, Ania, qui décrivait pour *Konbini* les violences gynécologiques qu'elle avait subies : on lui avait fait une épisiotomie sans son consentement, et son gynécologue lui avait fait ce qu'on appelle « le point du mari ». Le point du mari consiste à faire des points de suture supplémentaires lorsqu'on recoud le vagin après une épisiotomie, afin d'accroître le plaisir de l'homme pendant les rapports sexuels. Ania n'a plus jamais vu de gynécologue après cela : c'était impossible pour elle. Je pense très souvent à elle.

Quand les dermatologues disent qu'ils soignent les maladies de la peau, il faut dire qu'ils ne soignent que les peaux blanches, ne sachant pas reconnaître les symptômes sur les peaux noires.
Quand le monde médical dit qu'il soigne tout le monde avec le même dévouement, il faut dire que c'est faux. On voit le nombre de médecins libéraux qui refusent de recevoir des patients bénéficiant de la CMU, alors même que c'est illégal. Il faut dire que la santé des pauvres n'intéresse pas les médecins.
Quand les gynécologues disent qu'ils soignent les femmes, il faut dire qu'ils ne soignent que les femmes hétérosexuelles. Dans le dossier « Pour une promotion de la santé lesbienne : état des lieux des recherches, enjeux et propositions » publié en 2009 par la revue *Genre, sexualité & société*, on pouvait lire : « Les lesbiennes sont, quant à elles, plus généralement invisibilisées, niées dans leurs sexualités et leurs modes de vie ou récupérées par les fantasmatiques hétéronormées et masculines. » Comme le souligne la sociologue Anne Revillard : « L'invisibilité lesbienne traduit dans une large mesure un impensé social : dans un contexte

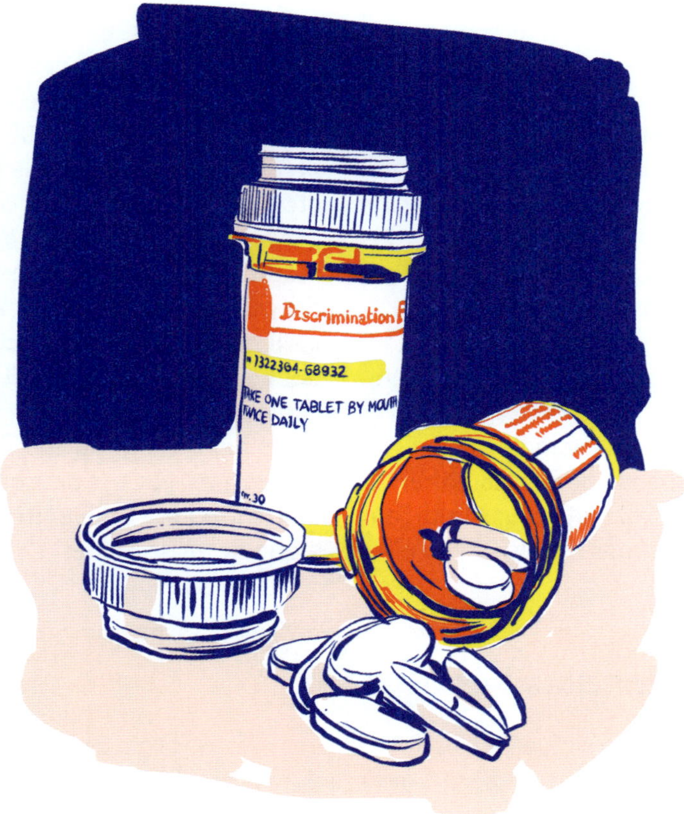

de domination masculine, une jouissance indépendante du principe masculin est socialement impossible.» Ne pouvant pas penser une sexualité sans un phallus, les gynécologues croient que s'il n'y a pas de pénétration il n'y a pas de risque de transmission d'IST: cela a pour effet qu'il y a une prévalence d'IST plus importante chez les lesbiennes que chez les femmes hétérosexuelles, et cette différence de prévalence s'explique par la méconnaissance des spécificités de santé sexuelle des femmes lesbiennes.

Quand des organisations comme la Sofect (Société française d'études et de prise en charge de la transidentité) disent qu'elles accompagnent les personnes trans dans leur transition, il faut dire qu'elles pathologisent et psychiatrisent les transidentités. J'en parle dans mon essai *Transphobie, regard et discours médicaux*: «Pour rendre intelligibles les questions de transidentité dans sa vision naturalisante du monde, la médecine est obligée de lui donner les signes de la pathologie. Et c'est la psychiatrie par un discours pathologisant qui va rendre la transidentité compréhensible et recevable pour la médecine et son idéologie de la différence des sexes. » Les militants trans luttent depuis longtemps contre la Sofect, qui ne cesse de parler des transidentités dans un discours pathologisant.

J'ai pris quelques exemples ici, mais il y aurait beaucoup de choses à dire, sur le taux de mortalité plus important chez les femmes noires lorsqu'elles accouchent, sur les mutilations que subissent les personnes intersexes, sur l'impact de la grossophobie, sur les maltraitances que subissent les personnes en situation de handicap, etc. Mais ce que je voulais montrer par là, c'est que **la vérité du monde médical ne réside pas dans ce qu'il dit qu'il fait, mais dans les corps qu'il maltraite, dans les corps qu'il oublie, dans les corps qu'il mutile**. Si la médecine se donne comme tâche de soigner, il faut qu'elle s'en donne les moyens, et c'est pourquoi elle se doit d'intégrer une lecture sociologique de sa pratique.

→ Pour aller plus loin

À lire • La version réactualisée du livre collectif *Notre corps, nous-mêmes* (éd. Hors d'atteinte, 2020 – paru la première fois aux États-Unis en 1973)
À lire • *Les brutes en blanc*, un essai de Martin Winckler (éd. Flammarion, 2016)
À lire • *La santé autrement. Expériences communautaires, féministes et antiracistes*, un article de Claire Richard (La Revue du crieur, 2021)
À voir • *Tu enfanteras dans la douleur*, un documentaire d'Ovidie (2019)
À écouter • Programme B #607 – *Soignant·e-patient·e, la révolution*, une série de podcasts de Roland Richard et Julie Tepe (Binge Audio, 2021)

On ne change pas ? Ah bon ?

Aïda N'Diaye

Agrégée de philosophie, enseignante et chroniqueuse sur France Inter et France Culture, Aïda N'Diaye est l'autrice de plusieurs ouvrages dont *Qu'est-ce qui fait mon genre ?* (éd. Gallimard, 2022). Sa force : savoir trouver les mots justes pour nous aider à comprendre comment nous conduisons nos vies. Nous lui avons demandé comment faire pour ne pas se trahir et réussir à rester soi-même.

Lorsque mes enfants étaient bébés, il m'arrivait très souvent d'entendre : « Dire que nous avons tous été aussi petits que ça. » Et j'étais souvent gênée par cette réflexion, sans d'ailleurs toujours réussir à m'expliquer pourquoi. En fait, j'ai compris plus tard que faire cette remarque, c'était comme chercher à tirer une ligne droite entre l'adulte que nous devenons et l'enfant que nous étions. Comme si notre histoire pouvait se dérouler d'une manière linéaire… Alors que pour moi, au contraire, la question abyssale qui se pose est exactement inverse : comment imaginer ce que deviendra le nouveau-né ou le nourrisson que j'ai sous les yeux ? Comment penser que l'adolescent·e et l'adulte à venir seront la même personne que ce bébé-là ?

Et pourtant… Lorsque je me dis que je suis en train de me trahir ou lorsque je me demande comment rester moi-même, cela sous-entend que j'ai bel et bien une identité, figée, unique, à laquelle je devrais rester fidèle tout en risquant de ne pas l'être. Au fond de ma personne, il y aurait donc ce truc, qui serait mon “moi”, et qui ferait que je suis et reste la même à travers le temps et les changements. Mais une telle chose existe-t-elle vraiment ?

Certaines circonstances extraordinaires peuvent en effet nous transformer radicalement. Dans le justement nommé *Changer : méthode*, Édouard Louis fait le récit de sa transition sociale, qui le conduit du milieu populaire de son enfance à la grande bourgeoisie parisienne et internationale. Rien en lui n'échappe à cette métamorphose : sa manière de rire et de manger, ses goûts, ses activités, sa manière de parler et de s'habiller, son état civil… Vraiment tout en lui devient autre, au point d'ailleurs que le récit, à un moment, substitue le “il” au “je” pour signifier cette altération complète du narrateur. Mais alors qu'Édouard Louis raconte dans son livre son ascension sociale spectaculaire – en apparence source de fierté – le livre se termine sur une évocation nostalgique de l'enfant qu'il était. Comme s'il regrettait de n'avoir pas su donner à son histoire et à son identité davantage d'unité et de cohérence.

Peut-on généraliser ce cas particulier ? Dans le cas d'Édouard Louis, il s'agit d'un destin hors du commun, comparable à une véritable odyssée, et nous ne connaissons pas toutes et tous un tel parcours, ni de telles transformations. Comment se fait-il pourtant que l'impression de ne pas demeurer nous-mêmes soit si commune et partagée ? Pourquoi est-il si difficile de rester fidèle à soi ?

La donnée première de l'existence, même la plus ordinaire, est sans doute la discontinuité. Il y a bien entendu les métamorphoses physiques, même les plus banales comme l'adolescence, la ménopause, ou simplement le vieillissement. C'est alors mon propre corps qui semble m'échapper, et je peux avoir le sentiment de ne plus être celui ou celle que j'étais. Toutefois, l'enjeu est plus existentiel car derrière cette question se cache celle de notre identité. Ne plus se reconnaître, c'est avoir l'impression de décrocher par rapport à ce que je pense ou veux être, et donc par rapport à ce fameux "moi" supposé immuable. Mais quand je ne me reconnais plus, est-ce que ce n'est pas tout simplement parce que des circonstances nouvelles m'ont amenée à révéler ou à développer d'autres aspects de ma personne ? Quel sens cela a-t-il d'aspirer à rester soi, si c'est notre identité elle-même qui est, fondamentalement, discontinue ?

Dans son essai *Rupture(s)*, Claire Marin s'est penchée sur cet aspect de l'existence, sur cette discontinuité. Notre vie est ponctuée de bifurcations, plus ou moins brutales, plus ou moins voulues, plus ou moins heureuses. Ce peut être une rupture amoureuse, mais aussi le deuil, l'accident qui nous laisse handicapé·e, l'entrée dans la maternité ou encore un déménagement à l'autre bout du monde. Il y a là une rupture parce qu'il y a un avant et un après – et ma réalité, en changeant, m'impose de changer également. Mais, selon Claire Marin, quand une rupture survient, ça ne sert à rien de chercher à rester nous-mêmes à tout prix. Certes, la tristesse que j'éprouve, lors d'une séparation amoureuse par exemple, tient à ce que j'ai perdu de l'autre, de la relation, mais aussi de moi-même, c'est-à-dire de la personne que j'étais dans cette relation et que je n'étais sans doute déjà plus depuis quelque temps. Mais quel sens y aurait-il alors à vouloir rester moi, si l'on entend par là essayer de retrouver ce qui n'est définitivement plus ? À ce jeu, je ne peux qu'échouer et me figer dans la nostalgie et la tristesse.

Comment alors me retrouver et dépasser ce sentiment de m'être perdue ou trahie ? Pour y répondre, sans doute dois-je accepter que le moi n'est pas un noyau dur. **L'identité et la cohérence de ma personne reposent sur un équilibre instable. Il me faut sans cesse mettre et remettre en harmonie mon passé et l'avenir auquel j'aspire, mes principes et ce que les circonstances m'imposent.** L'idée d'un "moi" devient alors une simple illusion, fruit notamment du langage. Derrière les mots « moi » ou « je », nous croyons qu'il existe quelque chose (ce "moi" fixe justement) alors

Quel sens cela a-t-il d'aspirer à rester soi, si notre identité est fondamentalement discontinue ?

qu'il n'y a en fait rien de tel. Et ce changement de perspective modifie tout. Car rester fidèle à soi ne signifie plus me refermer sur ce que j'étais en essayant de le retenir ou de le retrouver. Au contraire… j'ouvre un chapitre de mon existence en redéfinissant à ce moment précis ce qui compte le plus à mes yeux et en redéfinissant la personne que j'aspire à devenir – pour une période certes temporaire mais après tout peu importe.

On pourra regretter que notre identité puisse si facilement se dissoudre dans le cours des choses. **J'y vois au contraire le signe, réjouissant, que ce que je suis n'est jamais ni un donné ni un poids que je serais condamnée à subir.** C'est plutôt une quête et un travail qui sont toujours au-devant de moi, et dont je suis la seule maîtresse, auteure et interprète.

→ Pour aller plus loin

À voir • *Adolescentes*, un documentaire de Sébastien Lifshitz (2019)
À lire • *Connemara*, un roman de Nicolas Mathieu (éd. Actes Sud, 2022)
À lire • *Nom*, un récit de Constance Debré (éd. Flammarion, 2022)
À lire • *Se ressaisir. Enquête autobiographique d'une transfuge de classe féministe*, un essai de Rose-Marie Lagrave (éd. La Découverte, 2021)
À écouter • Émotions #6 – *La confiance en soi : comment peut-on apprendre à la ressentir ?*, un podcast d'Adélie Pojzman-Pontay (Louie Media, 2019)
À écouter • *C'est dur*, une chanson de Miel de Montagne et Philippe Katerine (2022)

Incultes, les journalistes ?

Étienne Klein

En ces temps de *fake news*, de désinformation et de défiance envers les scientifiques, on a besoin de personnalités comme Étienne Klein, physicien et philosophe des sciences, pour nous donner de la vraie matière à penser. Nous lui avons demandé comment pallier le manque de culture scientifique des journalistes.

Difficile de ne pas tirer les leçons de la mise en scène médiatique des sciences et de la recherche durant la pandémie. Une occasion quasi historique nous était alors donnée de présenter au grand public, patiemment, jour après jour, la méthodologie scientifique : ses tâtonnements, ses avancées, ses multiples biais, ses protocoles, ses erreurs, ses succès. Mais aussi d'expliquer en quoi consistent un essai en double aveugle, le bon usage des statistiques, la différence cruciale entre coïncidence, corrélation et causalité (dont l'amalgame fait des ravages), ou encore les véritables caractéristiques de la "fonction exponentielle", désormais médiatiquement et abusivement assimilée à une fonction qui aurait pour seule caractéristique de croître très rapidement... Mais au lieu que cette occasion soit saisie, nous avons assisté à la mise en scène d'une interminable foire d'empoigne entre des personnalités aux ego parfois surdimensionnés, capables d'affirmer haut et fort bien davantage que ce qu'iels savaient. D'aucuns accordaient même à leur "ressenti" un crédit si élevé qu'iels parvenaient à trancher d'un simple coup de phrase des questions vertigineusement complexes.
Je crains qu'une partie du public se soit ainsi laissé abuser, et considère désormais que la science serait une simple affaire d'opinions qui s'affrontent sans jamais converger. Je le redoute d'autant plus que la tendance à avoir un avis sur tout, et à le répandre largement, gagne en puissance grâce aux réseaux sociaux. Dans son sillage, elle distille l'idée que la science ne relèverait que d'une croyance parmi d'autres. Elle serait en somme une sorte d'Église émettant des publications comme les papes des bulles, que les non-croyant·es ont tout loisir non seulement de contester, mais aussi de mitrailler de commentaires à l'emporte-pièce.

Cette mise en scène a en outre confondu sciences et recherche, qui sont pourtant deux choses différentes, même si elles ne sont pas étrangères l'une à l'autre. Un·e chercheur·e est quelqu'un qui peut dire : *Nous savons que, et nous nous demandons si*. Les sciences représentent des corpus de connaissances dûment mises à l'épreuve et qu'il n'y a pas lieu – jusqu'à nouvel ordre ! – de remettre en cause : *La Terre est ronde plutôt que plate, l'atome existe bel et bien, l'Univers observable est en expansion, les espèces animales évoluent*, etc. Mais ces connaissances, par leur incomplétude même, posent des questions dont les réponses ne sont pas encore connues des scientifiques (ni de quiconque) : *D'où vient que l'antimatière qui était présente dans l'Univers primordial a disparu*

au sein de l'Univers actuel ? Existe-t-il une vie extraterrestre ? Répondre à de telles questions, c'est le but de la recherche.

Par nature, celle-ci a donc à voir avec le doute, tandis que les sciences sont constituées d'acquis difficiles à remettre en cause sans arguments extrêmement solides. Mais lorsque cette distinction n'est pas faite – comme ce fut trop souvent le cas ces derniers mois –, l'image des sciences, abusivement confondues avec la recherche, se brouille et se dégrade : elles donnent l'impression d'être une bagarre permanente entre expert·es qui ne parviennent jamais à se mettre d'accord. Elles distillent en outre le sentiment d'être tiraillées entre excès de modestie et excès d'arrogance, car leur rapport à la vérité apparaît alors contradictoire : d'un côté, elles affirment avec assurance pouvoir l'atteindre ; de l'autre, elles se réclament du doute systématique. De l'extérieur, forcément, on a un peu de mal à suivre...

Lors des débats, certain·es journalistes ont semblé manquer de réactivité ou de sens de l'à-propos, par crainte de dire une bêtise ou parce qu'iels étaient intimidé·es, ayant prématurément intégré l'idée que, par essence, les sciences leur seraient inaccessibles. Il est même arrivé qu'iels se fassent littéralement "balader" par tel·le ou tel·le sophiste aux titres ronflants.

Alors, comment pallier ce manque de culture scientifique des journalistes ? Je ne me sens guère capable de formuler d'autres propositions que celle-ci, d'un classicisme que vous jugerez sans doute désolant : je suggère de les former périodiquement, hors situation de crise, sur les sujets importants, afin qu'iels acquièrent un "fonds de références" qu'iels pourront mobiliser quand cela deviendra nécessaire. Bref, de leur donner de véritables cours, conçus pour elles et eux, dynamiques et bien charpentés ! Une journée sur l'atome, une autre sur les virus, une troisième sur l'énergie ou le big bang ou le changement climatique, etc.

Je veux croire que cette pratique serait l'amorce d'un cercle vertueux, car quiconque a vraiment percuté les questions scientifiques le sait bien : il y a un véritable "érotisme des problèmes", qui crée une addiction par l'association de réflexions, de connaissances, d'émotions, d'histoires, de personnages, de paradoxes, d'idées de génie, d'aventures. Tout cela engendre en un seul et même élan une fête de l'esprit qui ensuite s'auto-entretient.

On me rétorquera qu'il faudra aussi enseigner l'esprit critique. Certes, mais j'observe que les platistes et les créationnistes se revendiquent systématiquement de l'esprit critique… C'est le signe que ce dernier est comme le cholestérol : il y a le bon et le mauvais. Le bon est celui qui nous incite à mettre nos propres idées à l'épreuve, à les malmener pour voir si elles sont capables de "tenir le choc" de la contestation, tandis que le mauvais nous pousse à rejeter paresseusement les idées qui nous déplaisent ou nous semblent trop consensuelles. Il faudra donc n'enseigner que le bon.

→ Pour aller plus loin

À lire • *Le goût du vrai*, un essai d'Étienne Klein (éd. Gallimard, 2020) pour prolonger la discussion et rompre avec l'idée que la science ne serait qu'un récit parmi tant d'autres.
À lire • *Epsiloon*, un nouveau magazine d'actualité scientifique
À lire • *La science en action*, un essai de Bruno Latour (éd. La Découverte, 2005) pour comprendre la science telle qu'elle se fait.
À voir • *Les médias, le monde et moi*, un documentaire d'Anne-Sophie Novel (2019)
À voir • *Don't look up. Déni cosmique*, un film d'Adam McKay (Netflix, 2021)
À écouter • *La méthode scientifique*, une émission de Nicolas Martin (France Culture)

La vie en noir ?

Sophie Côté

Docteure en psychologie et exerçant au Québec, Sophie Côté organise des formations de part et d'autre de l'Atlantique. Elle est notamment spécialisée dans les problématiques liées à l'anxiété.

Pourquoi est-ce qu'on retient beaucoup plus facilement les critiques que les compliments?

Qu'on se rassure: quand il ne retient que les blâmes et ignore les compliments, notre cerveau ne travaille pas contre nous, mais pour nous. Il veille sans relâche à assurer notre sécurité. **Du point de vue de la survie, il est beaucoup plus utile de mémoriser les éléments désagréables d'une expérience, parce que ce sont eux qui risquent le plus de menacer notre sécurité et notre bien-être.** D'ailleurs, aussi étonnant que cela puisse paraître, à un niveau très primaire d'analyse de l'information sensorielle, notre cerveau réagit de la même manière quand une personne nous blâme ou quand une voiture nous fonce dessus.

Cependant, pour aider notre mémoire à conserver plus de positif, mon collègue neuropsychologue Dr Rick Hanson a développé un exercice de pleine conscience tout simple: *s'imprégner de ce qui est bon.* L'idée n'est pas de contrer la tendance naturelle du cerveau à être, comme le dit Hanson, «du Velcro pour le négatif et du Téflon pour le positif». En reconnaissant que les bonheurs du quotidien sont d'intensité modérée (cette première gorgée de café n'est-elle pas la plus sublime de la journée?), il suffit de capturer l'un de ces moments dans votre attention pendant une trentaine de secondes et de visualiser que cela s'imprègne en vous. Cela préserve l'expérience agréable dans votre mémoire de travail, assez longtemps pour qu'elle ait une chance d'être transférée en mémoire à long terme, et contrebalance ainsi toute l'accumulation d'expériences désagréables qui se fait automatiquement chaque jour.

Se pose ensuite la fameuse question de l'estime de soi. Beaucoup de gens pensent que l'hygiène psychologique repose sur une haute estime de soi, celle qu'on ressent notamment en recevant des compliments. J'entends souvent cette question dans mon cabinet: «Docteur Côté, pouvez-vous m'aider avec mon problème d'estime de soi?» Or, la recette de l'estime de soi est simple: vous devez vous sentir au-dessus de la moyenne dans ce que vous êtes/faites, et vous devez vous sentir spécial·e. Alors, que se passe-t-il quand tout le monde veut être au-dessus de la moyenne en même temps? Eh bien, c'est un peu comme dans le village d'Astérix: si tout le monde prend de la potion magique, tout le monde franchira en même temps la ligne d'arrivée! C'est pourquoi notre cerveau doit déformer la réalité pour se donner l'impression de détenir ces ingrédients magiques: nous nous mettons alors à cultiver une relation verticale avec les autres (ils sont toujours supérieurs ou inférieurs). Nous cultivons le jugement pour nous sentir supérieurs, nous déformons les faits (94 % des participants à un sondage estiment que leurs habiletés de conduite automobile sont dans la moyenne supérieure… même ceux ayant eu un accident dont ils étaient responsables dans les deux semaines précédentes !), etc.

Évidemment, la réalité est tout autre : on ne se sent pas spécial·e en permanence, et notre performance ne nous place pas au-dessus de la moyenne tout le temps. Les ingrédients de l'estime de soi ne sont pas faits pour être constamment présents, et elle est par nature fluctuante comme des montagnes russes. C'est donc quand nous tentons de la forcer à rester élevée et stable que nous nous créons le plus de problèmes, et un blâme nous rappelle cruellement que nous n'y sommes pas arrivé·s ; là encore, notre cerveau primitif y percevra un lien direct aux enjeux de survie.

On notera que, à l'inverse, l'autocompassion (être gentil·le et compatissant·e avec soi-même lorsqu'on se sent inadéquat·e, en échec ou en souffrance) ne crée pas les effets secondaires d'une quête perpétuelle de haute estime de soi. Il est donc bénéfique de savourer une montée saine d'estime de soi (on est vraiment au-dessus de la moyenne et spécial·e pour ceci ou cela), et, quand ce n'est pas le cas, l'autocompassion est là, bras grands ouverts, pour nous prêter assistance. C'est une ressource interne merveilleuse à cultiver, et de nombreux ouvrages traitent maintenant de la question, le grand classique demeurant *S'aimer*, de Kristin Neff.

Enfin, on peut observer de plus près la question du discours autodénigrant. Ressasser les blâmes plutôt que les compliments n'est pas la même chose que ruminer en se rabaissant ou refuser d'accepter les compliments. Si vous observez que vos pensées vous attaquent et entretiennent chez vous un sentiment de faible valeur, cela indique généralement un problème sous-jacent.

En grandissant, nous devons nous figurer très rapidement comment notre environnement fonctionne. Nous apprenons ces règles par l'intermédiaire de nos expériences agréables et désagréables ; certaines de ces expériences sont si intenses qu'elles créeront une mémoire très robuste du premier coup (comme un traumatisme), tandis que d'autres apprentissages seront construits par des expériences similaires répétées des milliers de fois (comme lorsqu'un enfant cherche l'attention de son parent et est rejeté).

C'est ainsi que nous apprenons, par nos expériences subjectives, une

foule de règles différentes qui nous montrent comment éviter les expériences désagréables comme le rejet, la punition, l'humiliation ou encore comment éviter de perdre momentanément l'accès à nos figures d'attachement (ce sont toutes des menaces à la survie, du point de vue de notre système nerveux et donc il est normal que notre instinct nous pousse à les éviter le plus possible). Ces apprentissages, ou règles, sont conservés dans notre mémoire émotionnelle (et non rationnelle) et agissent de manière implicite, automatique, en dehors de notre conscience.

Par ailleurs, pour arriver à gérer d'innombrables opérations en même temps, notre cerveau doit optimiser son fonctionnement. Il s'est donc développé pour fonctionner à partir de prédictions pour anticiper constamment les réactions de son environnement. Chaque fois que les systèmes sensoriels l'avertissent d'un changement (par exemple, une expression faciale chez l'autre), il lance automatiquement (en dehors de notre conscience) et à grande vitesse l'opération suivante : *À quoi cela ressemble-t-il le plus selon mon expérience similaire passée ? Qu'est-ce qui risque le plus d'arriver ensuite selon mon expérience similaire passée ? Et quelle est la réponse la plus adaptée selon mon expérience passée ?* Or, certaines de ces prédictions fondées sur nos expériences passées dans notre environnement familial, amical ou scolaire, nous

alertent qu'entretenir un fort sentiment de valeur personnelle aura des conséquences désastreuses, qu'il faut l'éviter à tout prix. Si ces prédictions sont encodées dans votre mémoire, elles vous dicteront, par exemple, de vous rabaisser quand une personne se met en colère (pour l'apaiser), ou encore de ne surtout pas croire une personne qui vous complimente.
Alors, comment déceler la présence de ces prédictions implicites ? Par exemple en vous imaginant dire à la personne qui déclenche ce discours autodénigrant chez vous : « Il faut que je refuse ton compliment, parce que si je ne le fais pas… » et de laisser venir la suite sans réfléchir, en observant vos réactions internes. Vos réponses vous surprendront peut-être. Par exemple, l'une mes patientes a répondu, en imaginant une scène avec son conjoint : « Si je ne le fais pas, tu vas m'abandonner. » Elle a réalisé par la suite que, depuis toujours, sa mère cesse de s'intéresser à elle quand elle affiche de l'assurance et du bien-être, et sa mère la couvre d'attentions quand elle affiche de l'insécurité. On voit bien que, dans son cas, être blâmée par une collègue de travail pourrait même devenir une occasion de s'attirer les attentions de sa mère, tandis qu'accepter des compliments, ou les mentionner à cette dernière, aurait l'effet inverse.

La bonne nouvelle, c'est que ces règles/prédictions apprises se désapprennent, et que les psychothérapies basées sur la reconsolidation thérapeutique de la mémoire sont particulièrement outillées pour obtenir ce résultat profond et durable.
Alors, bonne exploration !

→ Pour aller plus loin

À lire • *La reconsolidation thérapeutique de la mémoire*, un essai de Sophie Côté et Pierre Cousineau (éd. Dunod, 2022)
À lire • *S'aimer. Comment se réconcilier avec soi-même*, un essai de Kristin Neff (éd. Belfond, 2013)
À lire • *C'est comme ça que je disparais*, une BD de Mirion Malle (éd. La ville brûle, 2020)
À voir • *Wonder woman 1984*, un film de Patty Jenkins (2020)
À voir • Et tout le monde s'en fout #11 – *L'estime de soi*, une vidéo de Fabrice de Boni et Axel Lattuada (2017)

Exposer son corps, et après ?

Illana Weizman

Chercheuse en sociologie et autrice de *Ceci est notre post-partum* (éd. Marabout, 2021), Illana Weizman fait désormais partie de ces voix qui comptent. Et qu'on écoute.

Dans une société où les corps sont de plus en plus mis en scène, et en particulier sur les réseaux sociaux, qu'est-ce que cette exposition de nos corps dit de nous ? En réalité, je crois que ce questionnement est indissociable d'un questionnement miroir, à analyser en diptyque : qu'est-ce que les réactions à cette exposition disent de nos sociétés ? Car les modalités de la façon dont nous exposons nos corps dépendent évidemment de standards extérieurs, et de réactions réelles ou supposées du regard extérieur. Nous n'exposons pas nos corps dans un vide de valeurs et de représentations.

On m'a soumis les exemples de Jessica Thivenin et Maeva Ghennam, deux "grosses pointures" de la téléréalité. Toutes deux candidates du programme *Les Marseillais*. La première a plus de six millions d'abonné·es sur Instagram, la seconde plus de trois.
Ce qui se déroule autour dudit programme est un véritable phénomène d'inception : il y a d'abord les épisodes quotidiens, qui restent le cœur de la machine, mais aussi les vidéos des candidat·es filmant leurs réactions durant le visionnage des épisodes, les vidéos des candidat·es filmant leur quotidien, prolongeant ainsi l'effet sitcom entre les tournages puisque l'on suit leurs amours, leurs amitiés, leurs disputes. Ensuite, il y a les blogueurs et blogueuses qui fournissent des scoops, des informations à propos des candidat·es. Et enfin, les spectacteurices qui peuvent commenter les épisodes sur YouTube, commenter les publications des candidat·es, ou encore celles des blogueur·es. Ce large écosystème d'interactions favorise les retours spontanés des spectateurices, qui tournent fréquemment au harcèlement en ligne, jugements ou bashing.
Lorsque Jessica Thivenin filme son nouveau derrière, après un *lipofilling* consistant à augmenter le volume de ses fesses en y injectant sa propre graisse, elle devient la cible de cyberharcèlement et reçoit des centaines de commentaires humiliants sur son physique. Les femmes ne sortent jamais gagnantes dans un modèle patriarcal. Elles reçoivent constamment des injonctions à répondre à tel ou tel critère de beauté, de jeunesse, de fermeté, de volupté : être mince, avoir une taille fine tout en ayant un fessier saillant et une forte poitrine. En somme, l'inatteignable. **Elles sont jugées sur leur physique si elles ne se plient pas à ces critères, mais elles seront également pointées du doigt si elles y cèdent via la chirurgie, car le naturel reste loué.**
Les sœurs jumelles El Himer, Océane et Marine, comme nombre d'autres,

Les femmes ne sortent jamais gagnantes dans un modèle patriarcal.

en font aussi les frais, et on entend souvent dire : « Elles sont belles, mais elles ont tout refait. » Toutes ces personnalités de télé modèlent ainsi leurs corps selon un cahier des charges bien précis et l'exposent avec fierté et prosélytisme. Ce que cela dit d'elles, c'est la soumission, c'est la contrainte, c'est le respect de modèles établis, en dehors de leur volonté propre.

Dans le cas de Jessica Thivenin, on peut relever un autre point d'injustice et d'injonctions contradictoires, à travers les commentaires qui ont été faits sur son corps post-partum. Quelques jours après son accouchement, à la suite d'une grossesse extrêmement complexe durant laquelle elle a été en grande partie alitée et a risqué de perdre sa fille, elle a reçu un très grand nombre de remarques sur le fait que son ventre était déjà relativement plat en un temps record. Certain·es le lui reprochaient avec violence, tandis que d'autres la louaient au contraire dans une admiration maladive, qui appuie bien sur l'idée qu'il faut très vite rentrer à nouveau dans les clous du patriarcat, après une grossesse et un accouchement qui marquent visiblement le corps. **Pourquoi est-il impossible de rester neutre face à ces représentations corporelles et respecter les vécus individuels de chacune, et la façon dont cela se matérialise sur leurs corps ?** Encore une fois, les femmes ne sont jamais gagnantes.
Pour revenir à la chirurgie et à la mise en scène de son corps sur les réseaux, surtout lorsque celui-ci est exposé à des millions de personnes, jeunes et très jeunes pour la plupart : oui, on peut critiquer le fait que ces nouveaux *role models* ne sont pas bénéfiques pour une jeunesse à qui on fait croire que ces opérations sont la norme, en portant aux nues certains standards de beauté hors d'atteinte pour le plus grand nombre. Mais il ne faut pas oublier que ces stars de téléréalité sont elles aussi victimes de ces injonctions patriarcales. C'est ce qui se passe lorsque Maeva Ghennam vante un soin esthétique supposé préserver la "jeunesse" et la beauté de sa vulve. Elle a été extrêmement critiquée pour cela, ce qui est compréhensible, d'autant qu'elle a déclaré avoir « un vagin de 12 ans », formule qui flirte – et c'est un euphémisme – avec un imaginaire pédocriminel. Mais l'on tend à oublier que le chirurgien qui se trouve également sur la vidéo est celui qui fait son beurre sur des insécurités que l'on installe chez les femmes depuis leur plus jeune âge.

Je ne peux d'ailleurs m'empêcher de relever un autre point extrêmement sexiste : le double standard de genre en ce qui concerne la chirurgie. En effet, les hommes de la téléréalité réalisent eux aussi de nombreuses opérations. Par exemple, Thibault Garcia, le mari de Jessica Thivenin, a effectué une chirurgie orthognathique (remodelage de la mâchoire) afin que son visage soit plus carré, une rhinoplastie (chirurgie du nez), des implants capillaires, des facettes (chirurgie des dents). C'est aussi le cas de Julien Tanti ou encore de Paga ou Greg Yega pour les dents ou les implants capillaires. Pour autant, ces derniers ne sont jamais critiqués, moqués sur ce point : c'est à peine si on le relève.

Le sexisme systémique, inscrit dans nos sociétés, se retrouve donc aussi dans les objets culturels tels que les programmes de téléréalité et passe par la représentation des corps et la perception que l'on en a collectivement. **Ce que nos corps exposés disent de nous, c'est aussi ce sexisme.**

→ Pour aller plus loin

À lire • *Beauté fatale*, un essai de Mona Chollet (éd. La Découverte, 2012)
À lire • *Sexisme story*, un essai de Paul Sanfourche (éd. du Seuil, 2021)
À lire • *Un corps à soi*, un essai de Camille Froidevaux-Metterie (éd. du Seuil, 2021)
À voir • *Naissance des pieuvres*, un film de Céline Sciamma (2007)
À écouter • Le cœur sur la table #8 – *Devenir chèvre*, un podcast de Victoire Tuaillon (Binge Audio, 2021)

Et si je ne veux pas être mère ?

Jane Sautière

D'abord éducatrice pénitentiaire, Jane Sautière est devenue écrivaine. À une époque où l'on parlait encore très peu de ces femmes qui ne désirent pas avoir d'enfant, elle avait sorti *Nullipare*, un très beau récit sur ce sujet aux éditions Verticales.

Une femme a-t-elle le droit de refuser de procréer ? Si on m'a confié le soin de répondre à cette question, c'est sans doute parce que j'ai écrit un livre sur ce sujet. Et tout à coup, je me sens désemparée. Je ne suis pas lesbienne (pas encore), je n'ai pas été stérile, et pas tout le temps célibataire, et je n'ai pas eu d'enfant. Volontairement. Je ne crois pas non plus être l'exception qui confirmerait une règle. Il me semble qu'il y a quelque chose d'irrépressible dans le fait de refuser la maternité comme dans le fait de la vouloir.

Ce que j'entends en premier dans cette question, c'est le poids des normes sociales sur les femmes, comme s'il fallait, pour que l'ordre règne, régir ce qui est bon et ce qui est mauvais à partir du féminin. Ce n'est pas la symbolique de la loi qui est à l'œuvre, pas le glaive viril, mais l'édredon mou et étouffant de la norme. Pas un interdit, mais l'ordre de *ce qu'il faut faire*. Ce qui délave toute notre vie, nos apparences (la mode, le maquillage, la coiffure), nos amours, notre place sociale (le *care*), la façon d'administrer le foyer (cuisiner, nettoyer) et bien sûr ce qui régente la procréation et l'éducation des enfants. Et c'est vraiment là que ça se déchaîne.

Ne pas vouloir d'enfant ou en vouloir ? On a tellement envie de répondre que tous les choix sont légitimes, et que, bien sûr, personne ne devrait pouvoir discréditer notre décision, quelle qu'elle soit. Pourtant, je vois bien que cette réponse ne rend pas suffisamment compte de ce qui se joue.

Choisir d'avoir ou pas un enfant m'a toujours paru être une question floue, trop globale. **On peut en avoir envie ou pas en fonction des aléas de nos vies.** Parce que c'est cet homme-là ou ce moment-là. **On peut aussi mesurer le spectre de ce choix.** Qu'est-ce qu'il va nous en coûter, quelle que soit la décision ? Quel sera le renoncement à une condition qu'on ne pourra plus endosser, même s'il n'y a aucune amertume à la clé ? Lorsqu'on n'a pas eu d'enfant et qu'on arrive à l'irréversible de l'âge, ou lorsqu'on en a eu et qu'il n'est évidemment plus possible de faire machine arrière.

Il y a toujours de l'irréparable, du décisif, du décisif absolu, parce que ça engage notre vie propre et celle d'un autre à faire advenir ou pas. Et cela entraîne une multitude de questions, comme celles-ci que j'ai entendues ici et là : *Est-on vraiment presque morte si on ne procrée pas alors qu'on pourrait ? Est-on complètement folle si on a envie d'autre chose ?* Ce sont des questions fondamentales. Parce que, justement, la réponse nous fonde. Il faut la considérer cette complète folie, cette presque-mort. Quoi qu'on fasse, elles seront là – complète

folie et presque-mort. Et il n'y a pas lieu de le craindre, ni de chercher à résoudre l'affaire dans l'alibi de l'opprobre sociale, à noyer le bébé sous le poids de la norme. Ces questions sont les nôtres à nous, les femmes ; elles sont même du féminin à l'état pur. On peut à la fois vouloir une égalité totale et savoir quelle est la part de nous qui ne peut se dissoudre dans le neutre. **Il est certain qu'on ne naît pas femme, qu'on le devient, mais on le devient avec ce corps-là et cette possibilité-là, de fabriquer ou pas du vivant.**

Je continue de penser que pour ma part, quelle que soit la force de ma résolution qui n'a jamais varié, j'ai choisi dans le flou, presque dans le vide. Comme toutes les petites filles, et même encore plus tard, j'ai mis un coussin sur mon ventre pour voir, mais je sentais bien que je n'irais pas là, que mon refus était profond et radical. Je savais que je ne pourrais pas être mère. J'ai mis tellement de temps à comprendre que la mort des frère et sœur qui m'ont précédée dans l'histoire de ma mère avait lentement infusé en moi le lien mort/enfant. J'aurais été mère d'enfants morts, c'était certain et redoutable. Ou, à tout le moins, je ne pouvais pas prendre un tel risque, comme s'il y avait eu, dans la lignée maternelle, un chromosome du malheur et l'interdit de le réactiver. Mais si j'ai mis du temps à rendre explicite mon choix, il était établi sans même que j'aie besoin de le comprendre.

Peut-être y a-t-il autant de poids, de mystère, de flou et d'incertain dans le fait d'avoir un enfant que de ne pas en avoir ? Peut-être a-t-on aussi des enfants à cause d'une histoire familiale qui y invite ? Est-ce si clair d'avoir un enfant ? Parce que je n'en avais pas, des amies pouvaient interroger cela devant moi, parfois durement.
Il y a, dans les liens du sang, une ligature si forte qu'elle ne peut pas se dénouer. Et j'ai vu des femmes très effrayées de leur maternité, folles complètement et presque mortes parfois.
J'ai vu aussi combien le maternel et la maternité peuvent être distincts. Il y a du maternel sans maternité, je le sais pour moi et pour tant d'autres femmes nullipares. Et un maternel qui n'est pas un pis-aller, pas un mode de consolation.

Alors **ce qui compte, en définitive, c'est ce qu'on va faire de ce choix, peut-être plus que le choix lui-même.** Nos agencements, nos récits, les histoires qu'on va construire et qui vont nous construire à partir de là, ce qu'on gagne en identité, en plénitude.
Parce que cela, nous pouvons le raconter, y mettre nos mots et les opposer au monde clos des normes.

→ Pour aller plus loin

À lire • *Libre à elles, le choix de ne pas être mère*, une enquête de Laurence Santantonios (éd. Mauconduit, 2018)
À lire • *Sorcières*, un essai de Mona Chollet (éd. La Découverte, 2018)
À suivre • *Bordel de mères*, le compte Instagram de Fiona Schmidt
À voir • *Les filles du docteur March*, un film de Greta Gerwig (2019)
À écouter • *Tant que je serai noire*, un podcast de Tsippora

Comment être moins blanc·he ?

Claire Richard

Fiction ou documentaire, Claire Richard apporte intelligence et grâce à tout ce qu'elle touche. Elle s'intéresse aux croisements entre l'intime et le politique, aux formes de l'action collective et aux paradoxes des politiques d'émancipation.

Pour répondre à cette question, je pense qu'il faut distinguer deux types d'identité : une identité sociale et une identité subjective. L'identité sociale est déterminée par notre place dans la société, définie par des facteurs comme la race (au sens de perception et construction sociale), le genre, la classe sociale, mais aussi l'âge, le handicap… À l'inverse, l'identité subjective recouvre la façon dont on se vit, dont on éprouve ses appartenances. Ces deux identités peuvent être alignées, mais pas toujours.

Sur le plan de l'identité sociale, je ne pense pas qu'on puisse vraiment choisir d'être moins blanc·he. **Être blanc·he, ce n'est pas une essence, mais une position sociale : une façon d'être perçu·e dans la société.** Comme la domination masculine ou l'hétérosexualité, la *blanchité* est un rapport de pouvoir qui organise l'inégalité entre les individus selon le groupe auquel ils sont assignés. Dans ce rapport de pouvoir, les personnes perçues comme blanches vont avoir des avantages inaccessibles aux personnes qui seront perçues comme non blanches.

Mais comme la blanchité est une catégorie sociale et non une qualité inaliénable, ses frontières ne sont pas fixes. L'historien américain Noel Ignatiev a ainsi montré comment les Irlandais émigrés aux États-Unis n'ont d'abord pas été considérés comme blancs (en dépit de leur pâleur de peau) et le sont devenus quand ils se sont violemment dissociés des anciens esclaves afro-américains affranchis. Plus récemment, la chercheuse en sciences politiques Juliette Galonnier a montré que, en France, les personnes perçues comme blanches deviennent « moins blanches » quand elles se convertissent à l'islam : elles perdent le privilège de l'invisibilité, essuient des insultes racistes ou découvrent qu'on leur associe des stéréotypes raciaux. En ce sens, en France, on peut devenir moins blanc·he si on devient musulman·e.

Mais hors de ces cas-là, il me semble que dans une société aussi profondément façonnée par le racisme que la nôtre, on ne peut pas se défaire de sa blanchité dans l'espace social. Avec mes yeux bleus, mon teint clair, mon patronyme et mes habitus de classe moyenne supérieure, je serai toujours considérée comme blanche dans l'espace social et je bénéficierai toujours de la fluidité que ça me donne : la police ne me contrôlera pas arbitrairement, les vigiles ne me prêteront pas d'attention particulière, les employeurs n'écarteront pas mon CV, ni les propriétaires, mon dossier immobilier. Je ne peux pas court-circuiter cet avantage, quelle que soit ma position politique à l'égard de ma blanchité.

Être moins blanc·he, c'est travailler activement à la fin du racisme.

En revanche, je peux changer mon identité subjective, notamment en travaillant à identifier et désamorcer les comportements que j'ai intériorisés parce que j'ai été socialisée comme une personne blanche. L'Américaine Robin DiAngelo liste par exemple : le déni de l'existence de la race, le fait de penser le racisme comme une tare morale et non un fait social qui nous formate toustes, l'arrogance (l'idée qu'on sait mieux que les personnes racisées de quoi relève le racisme), le tout formant un complexe qu'elle nomme la « fragilité blanche » : un arsenal de comportements de défense pour se préserver de toute association avec le racisme. On peut travailler sur ces réactions et les changer. Notamment : aller contre son apathie pour s'informer activement sur le racisme, la façon dont il structure nos sociétés et affecte les vies des personnes non blanches. Soutenir les personnes racisées qui parlent de ce qu'elles vivent sans d'abord mettre en doute leur expérience ou parler de la sienne. Apprendre à identifier ses réactions défensives quand il est question de racisme, pour les remplacer par plus d'écoute, moins d'arrogance, moins de silence et de solidarité tacite avec le racisme. Malgré les critiques qu'on peut lui faire, le livre *La fragilité blanche* de Robin DiAngelo est riche d'observations salutaires et de pistes de changement.

C'est un processus inconfortable. Quand on est blanc·he, on est habitué·e au confort sur les questions raciales : on ne parle pas de racisme et il ne nous affecte pas. **Se confronter à la blanchité, c'est sortir de ce confort. C'est découvrir des zones intimes peu glorieuses, faire le triste constat des ravages du racisme en soi.** Et quand on décide d'agir, on doit accepter de se trouver en minorité, d'être en périphérie, parfois de ne pas être invité·e ou de devoir se taire. L'écueil serait alors d'adopter un silence total : le souhait de ne pas parler pour les concerné·es peut parfois dangereusement flirter avec le refus d'agir. Pour moi, accepter l'inconfort, c'est aussi accepter le risque de faire des erreurs, de dire des conneries : on ne défait pas des siècles de supériorité blanche avec trois podcasts et deux lectures. Mais au lieu de fuir et de se mettre en silence radio, il faut avoir le courage de prendre ses responsabilités, de demander pardon et de faire ce qu'il faut pour réparer ses torts. La résistance à l'inconfort est comme un muscle, elle se travaille. Car sans inconfort, pas de changement possible.
Cependant, la déconstruction interne ne suffit pas : on en revient à l'identité sociale. Pour être moins blanc·he,

il faut qu'il y ait moins de racisme, point. In fine, être moins blanc·he, c'est travailler activement à la fin du racisme en France : soutenir les manifestations contre les violences policières, soutenir les actions antiracistes, individuellement ou avec des collectifs. Une piste intéressante est la création de groupes antiracistes blancs, sur le modèle de ceux qui existent aux États-Unis, pour allier lutte collective et travail interne sur la blanchité. Ceux-ci auraient d'abord pour fonction d'être des alliés politiques des mouvements antiracistes (venir en soutien, répondre à des besoins…), mais ils peuvent aussi servir d'espace où déconstruire les manifestations de sa blanchité. Car sans lutte collective, il ne se passera rien, et le racisme et la blanchité continueront leur travail délétère dans nos sociétés et dans nos vies.

→ Pour aller plus loin

À écouter • Programme B #616-619 – *Blanc comme neige*, une série de podcasts de Claire Richard (Binge Audio, 2021)
À écouter • À l'intersection #7 – *Penser la blanchité et le privilège blanc en France*, un entretien avec Kaoutar Harchi (2021)
À lire • *Dans le blanc des yeux. Diversité, racisme et médias*, un essai de Maxime Cervulle (éd. Amsterdam, 2013)
À lire • *Le racisme est un problème de Blancs*, un essai de Reni Eddo-Lodge (éd. Autrement, 2018)
À lire • *Fragilité blanche. Ce racisme que les Blancs ne voient pas*, un essai de Robin DiAngelo (éd. Les Arènes, 2020)
À lire • *Brûler brûler brûler*, des poèmes de Lisette Lombé (éd. Iconopop, 2020)
À voir • *Dear white people*, une série de Justin Simien (2017)
À suivre • *Sans Blanc de Rien*, le compte Instagram d'Estelle Depris

Changer nos villes ?

Mickaël Labbé

Maître de conférences en esthétique et philosophie de l'art, Mickaël Labbé réfléchit depuis longtemps à la manière dont on peut réinventer une ville qui s'adresse à chacun·e d'entre nous. Il en a même fait un livre, *Reprendre place. Contre l'architecture du mépris* (éd. Payot, 2019). Nous lui avons demandé s'il fallait changer la ville pour changer nos comportements.

Par qui et pour qui la ville est-elle faite ? Qui a droit à la ville ? Ces questions font l'objet de luttes et de conflits autour de l'appropriation égalitaire de ce milieu de vie qu'est la ville.

L'espace urbain est fait par et pour les hommes adultes blancs, cela me semble une réalité difficilement contestable. Outre les femmes et les personnes LGBTQIA+, la ville contemporaine est ouvertement construite contre certain·es de ses habitant·es (que l'on pense aux SDF ou aux migrant·es que l'on cherche à reléguer hors de l'espace de visibilité des centres-villes). Ou encore construite sans prendre réellement en considération autrement que de manière marginale les besoins, les attentes, les rythmes et les singularités d'autres catégories de la population (personnes âgées, enfants, personnes souffrant de handicap...). Sans rien dire ici du sort qui est fait à d'autres membres de nos communautés sociales élargies, comme les animaux non humains.

Par volonté explicite dans certains cas, par le biais d'une indifférence ou d'une habituation qui vient nourrir la reproduction des inégalités systémiques de genre, de race, d'âge, de capacité ou d'espèce, l'espace urbain est prioritairement produit pour certain·es habitant·es. Ce qui signifie toujours en même temps *contre* ou *sans* certaines autres catégories. Obsédées par la promotion marchande d'un espace conçu comme une ressource à valoriser plutôt que comme un bien commun permettant une cohabitation entre des usages pluralistes, engagées dans une concurrence territoriale féroce visant à attirer certaines classes (dites "créatives") plutôt que d'autres, les métropoles contemporaines se situent à n'en pas douter à l'intersection même où s'incarnent et se rejouent les différentes asymétries systémiques qui constituent nos sociétés.

Du point de vue de l'inégalité de genre qui structure aussi bien la société que les espaces dans lesquels elle s'inscrit, et dont ces derniers sont à la fois le reflet, le vecteur et le lieu, il est clair que les critiques féministes de l'urbanisme (notamment) ont permis de remettre en cause l'idée d'un espace politiquement neutre, comme s'il s'agissait d'une sorte de boîte, de contenant ou de terrain vierge, sans incidence sur les comportements de celles et ceux qui l'habitent. Sous l'effet des luttes ou des recherches sur ces sujets, la question des rapports entre le genre et la ville est même aujourd'hui l'un des passages obligés pour toutes les municipalités (jusque dans les budgets, les critères d'attribution de concours ; par des initiatives pédagogiques salutaires comme les "marches sensibles"). Néanmoins, on peut se sentir perplexe devant les discours majoritaires sur cette question de l'inégalité de genre dans l'espace urbain, qui visent à traiter des problèmes concrets tout à fait réels, mais au risque d'une simple reproduction des assignations identitaires d'un système qu'il s'agit pourtant de critiquer.

Je m'explique, en prenant ici l'exemple des femmes. Quand on aborde ces questions sous l'angle de la manière dont l'aménagement des villes pourrait aider à lutter contre les inégalités de genre, on place en effet immédiatement la discussion sur le terrain de la sécurité et de l'accessibilité. Qu'il s'agisse de l'insécurité décrite par de nombreuses femmes dans leur expérience de la ville (liée à la différence entre le jour et la nuit, à la nature de certains espaces urbains tantôt trop ouverts tantôt trop isolés), ou des problématiques d'accessibilité liées à certaines tâches encore trop exclusivement dévolues aux femmes et à la répartition spatiale inégalitaire de programmes "typiquement" masculins (la question du déplacement en ville avec des enfants ou pour faire des courses; des lieux de loisirs urbains à destination des garçons), il semblerait que l'on ne puisse faire davantage que lutter contre certains comportements violents ou contre certaines inégalités d'accès. C'est bien entendu absolument essentiel et nécessaire de rendre la ville moins dangereuse et plus accueillante pour les femmes. Et il est bien connu que l'architecture de la ville, si elle ne peut certainement pas changer par elle-même ou directement les comportements des hommes ou les mentalités d'une société patriarcale, peut avoir des effets positifs ou négatifs en rendant possibles ou impossibles, plus faciles ou plus difficiles certaines choses dans l'espace public, en promouvant certaines manières d'être-ensemble plutôt que d'autres. C'est là que les questions d'éclairage public, d'aménagement des assises ou d'organisation matérielle des rues et des places font pleinement sens, en tant qu'elles prennent place dans une volonté d'aménager un autre espace social.

Néanmoins, j'ai le sentiment que cette manière de poser le problème, tout en cherchant à répondre à des problèmes réels, peut parfois contribuer à renforcer les stéréotypes de genre ou à maintenir à leur place supposée les hommes et les femmes. Là où il s'agirait au contraire de renverser ce système d'assignation à des places asymétriques, à des identités figées. À penser exclusivement en ces termes, on risque de laisser les choses en l'état. Quand on parle de l'accessibilité de l'espace urbain,

tout se passe comme si on avait nécessairement en tête l'image de la mère de famille qui doit faire face aux contraintes de l'espace de la ville, là où son lieu "naturel" serait celui du foyer, de l'espace privé domestique. Quand on parle de sécurité, on s'imagine au contraire la jeune fille qui sort pour faire la fête avec ses ami·es et qui s'expose telle une proie potentielle aux dangers de la nuit. Dans tous les cas, **c'est assigner les femmes à des identités qui mettent en avant des stéréotypes de fragilité, de vulnérabilité, de domesticité**, etc. Et l'espace urbain, s'il est fait de choses construites, marche également à la construction d'un imaginaire. C'est donc faire peu de cas de la diversité des profils féminins et des manières dont les femmes font usage d'un espace public qui est pleinement le leur au même titre que n'importe quel autre habitant !

Inutile également de citer toujours les mêmes exemples minoritaires de femmes urbanistes ou architectes (comme la merveilleuse Jane Jacobs, les architectes Charlotte Perriand ou Lina Bo Bardi), si c'est uniquement pour les recoder dans le langage sexiste de la sensibilité ou de la délicatesse.

C'est pourquoi, en ce qui me concerne, je pense que l'espace urbain doit sans aucun doute être rendu plus accueillant pour toutes et tous et permettre une meilleure cohabitation entre les besoins et les désirs spécifiques d'une communauté réellement plurielle d'usagers. Un urbanisme traditionnellement masculiniste, fait par et pour une certaine catégorie d'hommes, aura des effets délétères sur les autres habitant·es et sur la société en son ensemble. Les formes urbaines ne sont jamais sans effet ou idéologiquement neutres. Tout choix spatial engage un modèle social. Par des choix d'aménagement judicieux, on peut sans aucun doute favoriser ou rendre plus difficiles certains comportements. Mais les espaces ne créent pas les comportements. **Un changement radical ne saurait provenir de l'urbanisme lui-même. La lutte est générale : politique, sociale et culturelle.** Et elle s'incarne en des espaces à mettre en forme par les citoyennes et les citoyens revendiquant leur droit égal à la ville. Pour qu'une ville soit conçue pour la diversité de ses usages, il faut qu'elle soit faite politiquement par celles et ceux qui l'habitent. Quant à savoir quelles formes prendrait un urbanisme non sexiste et égalitaire, je pense qu'il ne s'agit justement pas d'une question de forme, et que seule l'imagination sociale pourra nous le dire.

→ Pour aller plus loin

À voir • *In Jackson Heights*, un documentaire de Frederick Wiseman (2015)
À voir • *Push. Chassés des villes*, un documentaire de Fredrik Gertten (2019)
À lire • *Déclin et survie des grandes villes américaines*, un essai de Jane Jacobs (éd. Parenthèses 2012 [éd. originale 1961])
À lire • *Minorités/Majorités*, un recueil d'articles de la revue en ligne Urbanités (2020)
À écouter • Les couilles sur la table #25 – *Des villes viriles*, un podcast de Victoire Tuaillon (Binge Audio, 2018)

Libérée, délivrée : vraiment ?

Sam Bourcier

Sociologue, auteur, activiste queer et transféministe, ou encore prof à la fac de Lille, Sam Bourcier est tout cela à fois. On aime son franc-parler, ses idées radicales et son enthousiasme.

La révolution sexuelle a-t-elle vraiment libéré les femmes? C'est vrai, dans les années 1970, la libération sexuelle a été présentée comme une sortie de la censure, un déchaînement des pulsions réprimées avec l'arrivée de l'amour libre, du sexe et du porno. Pour les femmes qui ne sont pas passées par la case féministe, ça s'est souvent traduit par une obligation à baiser sous peine de passer pour une coincée ou une frustrée, à se "libérer" pour satisfaire les demandes sexuelles masculines. C'est très clair au moment de l'âge d'or du porno américain, avec les films *Derrière la porte verte*, des frères Mitchell, ou *Gorge profonde*, de Damiano, que des millions de spectateurs et de spectatrices ont vus à leur sortie en 1972, y compris en France. Dans *Gorge profonde*, Harry Reems, déguisé en médecin, explique à Linda Lovelace où est son clit et donc son plaisir. Il va falloir qu'elle lui fasse des pipes puisqu'elle a le clit dans la gorge… Dans *Derrière la porte verte*, qui a fait l'ouverture des séances pornos de Canal+, Marilyn Chambers est enlevée par des routiers pour finir dans un sex-club où on la révèle à ses désirs et ses plaisirs, qu'elle confesse malgré elle.

Alors, oui, la pseudo-libération sexuelle de la femme, c'est d'abord un savoir masculin sur la féminité. Mais ce n'est pas nouveau, le contrôle de l'exploration, de la production de la jouissance féminine par le regard masculin. On est dans la lignée de Freud avec son "continent noir", de Charcot avec sa Salpêtrière, des sexologues et autres chattologues experts du massage orgasmique des hystériques, à la fois salopes et frigides comme chacun sait depuis le XIXe siècle. Foucault fait même tout un bouquin là-dessus dans les années 1970 qu'il appelle *Histoire de la sexualité. La volonté de savoir*. La saturation de la société par la sexualité, l'injonction au sexe, la définition de ce que l'on est par le sexe, c'est ce qu'il appelle « la censure positive ». C'est celle, plus pernicieuse, qui vous oblige à faire le sexe d'une certaine manière bien plus qu'elle ne vous l'interdit. Le *nudge* appliqué au sexe en somme. Et selon lui, ça date de l'explosion des discours psychiatriques, médicaux, juridiques sur le sexe au XIXe siècle. Foucault ne croit pas non plus à la libération en 68 des pulsions réprimées, à l'hypothèse répressive. Mais il n'est pas un grand féministe…

Par contre, **ce qui a libéré les femmes de leur féminité atroce et a changé leur sexualité, c'est bien un mouvement dont l'objectif premier, même si on l'oublie aujourd'hui, a été "la révolution sexuelle", voire la révolution tout court. Ce mouvement, c'est le mouvement féministe des**

années 1970. Le nouveau discours sur le clit, le vagin, la masturbation, l'anatomie, le gode ou l'éjaculation féminine et les pratiques sexuelles différentes qui en découlent, ce ne sont pas le Dr Reems ou le fondateur de *Playboy* qui l'ont sorti. Ça vient de l'expérimentation collective et de la production de savoirs féministes sur la sexualité féminine dans les groupes de prise de conscience et les ateliers de redécouverte de son corps. Là où les corps et les sexualités sont politisés, déprivatisés pour déboucher sur une modification, des transformations, d'autres géographies corporelles et sexuelles. C'est là que les femmes vont se réapproprier la production de la sexualité, des plaisirs et des genres, de la féminité et de la masculinité. Si on voit les années 1970 sous cet angle-là, celui de la création de subjectivités fortes, différentes, conflictuelles, en un mot féministes, il reste beaucoup de la révolution sexuelle. Et c'est bien la pression féministe qui a poussé *Gorge profonde* à parler du clit et de jouissance féminine, même si Damiano le fait à sa sauce et pour le plus grand plaisir d'Harry. Cette révolution sexuelle là continue de nos jours. C'est elle qui alimente les mouvements queers et transféministes.

On a tendance à nous le faire oublier ou à ne pas le voir parce que **l'espace public et médiatique est squatté par le sexe triste, le féminisme antisexe, le féminisme des "femmocrates" qui n'en est pas un**. Par des politiques sexuelles libérales et néolibérales à la Schiappa-Macron, mais pas que. Le PS n'est pas mal non plus dans le genre. Les femmocrates font du féminisme un hochet, un marqueur culturel raciste et nationaliste. Et certainement pas une culture sexuelle positive et puissante, antagoniste et joyeuse, collective et créative.

J'en veux pour exemple ce qui se passe dans ma fac. Il se trouve que notre vice-présidente chargée de la vie étudiante, de l'égalité homme/femme et des discriminations n'est autre que Sandrine Rousseau, qui s'est présentée en tant que candidate féministe à la primaire d'EELV pour la présidentielle de 2022. Elle a organisé dans la fac des distributions gratuites de serviettes hygiéniques pour lutter contre la précarité menstruelle, et on a vu des étudiantes faire la queue en public pour la com et les tweets... Inutile de vous dire qu'en vrai la plupart des étudiantes ne sont pas venues, pas plus que les garçons trans, et qu'il serait plus efficace de mettre des distributeurs dans les toilettes. Et quelle régression, quelle infantilisation – ou bien est-ce un manque de respect ? – de justifier l'opération en parlant de la gêne que ne manquerait pas de susciter l'odeur de règles en cours ou le fait de se faire surprendre par des règles abondantes ! Par contre, quand mes étudiantes du cours « études féministes » font des performances avec des slips tachés écarlates dans les chiottes de la fac encore peints en bleu et en rose, la sécurité leur tombe dessus. Alors qu'elles font le job féministe, qu'elles niquent en public le contrôle social qui s'exerce sur le corps des femmes dans l'espace public en pétant le stigma des règles. Alors qu'elles disent non au *body shaming*, au *silencing*, à l'invisibilité menstruelle, et oui au *free bleeding*. Pas mal, non ? C'est sûr que ça change du pinkwashing. Ça change de la dépolitisation, de la dépossession de leur culture qu'inflige le féminisme institutionnel light aux jeunes féministes et au féminisme tout court. Celui qui mise sur la précarité menstruelle pour parler précarité étudiante alors que les étudiant·es n'ont plus rien à bouffer et font des petits boulots de merde depuis si longtemps.

Ça tient aussi à ce qu'aujourd'hui, en matière de sexualité, on n'entend plus parler que de violences sexuelles et de criminalisation, avec l'identification de victime comme seule solution. Si la définition de soi bridée par le droit avait été le but ultime de la révolution féministe, les féministes n'auraient pas fait grand-chose. Elles n'auraient jamais baisé différemment ou changé la sexualité. Elles n'auraient jamais donné au sexe l'ampleur politique qu'il a prise dans la vie et la société. En échange de protection juridique, le droit individualise. C'est un peu comme la distribution de protections hygiéniques et hygiénistes à la discrétion des autorités et de l'État. Ne rigolez pas, la métaphore n'en est pas une. Si Macron a ânonné les mots « règles » et « précarité menstruelle » à la télé à 20 heures, c'est parce que, de l'Unicef jusqu'à Bruxelles, le management de l'hygiène et des flux menstruels (le MHM = Menstrual Hygiene Management) est organisé dans les hautes sphères du *gender mainstreaming*, autrement dit la machine à dévitaliser et désexualiser le féminisme. La réduction par le droit éloigne des collectifs et des utopies politico-sexuelles. Elle vous livre au policier qui ne sait pas prendre la plainte, à la psy qui vous condamne au trauma et au juge qui attend des preuves. Le droit vous définit négativement par la plainte et la discrimination. **Le salut par le droit, rien que le droit, vous éloigne du B.A.BA féministe : à savoir que la sexualité et les problèmes dits personnels sont des problèmes politiques pour lesquels la solution n'est pas individuelle mais collective.**

Jamais les féministes n'auraient pu générer cette nouvelle culture sexuelle dont nous profitons encore aujourd'hui et que nous prolongeons, nous les féministes de tout poil pas réformistes et branché·es cul, si elles avaient tout demandé au droit et à l'État… Ce n'est tout de même pas l'État qui invente le vibro-gode féministe avec des oreilles de lapin qui stimule le clit. Non, leur politique de la demande était autre : elles voulaient tout, comme on disait à l'époque. Et c'est dans leur expérience, leur culot et leur force – révolutionnaire – que nous allons devoir puiser pour faire face à l'offensive anti-sexe qui s'installe contre la pornographie, contre les putes et le travail du sexe. Comme un mauvais remake de la *sex war* des années 1990 aux États-Unis qui a opposé féminisme anti-sexe et féminisme pro-sexe.

C'est avec Monique Wittig, le féminisme pro-sexe et le SM lesbien que je suis devenu féministe et sexuel. Donc, ne comptez pas sur moi pour être du mauvais côté. Et vous ?

→ Pour aller plus loin

À lire • *Queer zones. La trilogie*, un essai de Sam Bourcier (éd. Amsterdam, 2021)
À lire • *Surveiller et jouir : anthropologie politique du sexe*, un essai de Gayle Rubin (éd. Epel, 2011)
À lire • *Technologie de l'orgasme*, un essai de Rachel P. Maines (éd. Payot, 2009)
À lire • *Révolution féministe*, un essai d'Aurore Koechlin (éd. Amsterdam, 2019)
À lire • *Désirer à tout prix*, un essai de Tal Madesta (Binge Audio Éditions, 2022)
À écouter • *Les chemins de désir*, un podcast de Claire Richard (Arte Radio, 2019)
À écouter • Un podcast à soi #18 – *Sexualité des femmes, la révolution du plaisir*, un podcast de Charlotte Bienaimé (Arte Radio, 2019)

La faute à la cancel culture ?

Warda Khemilat

Chercheuse en sciences de l'information et de la communication, Warda Khemilat est spécialiste de l'analyse des mouvements sociaux en ligne. Elle s'intéresse de près à tous les mouvements d'émancipation. Sa parole est juste. Et donc précieuse.

En France, la cancel culture fait grincer des dents. Souvent assimilée à de la censure et à un "tribunal médiatique" qui livre les hommes en pâture, la cancel culture fait polémique. Exit, le second degré et la liberté d'expression, on marcherait tous sur les œufs du *politiquement correct*. Mais alors, pourquoi la cancel culture est-elle si décriée ? Peut-on faire de la cancel culture intelligemment, ou est-elle condamnée à se situer entre la délation et la diffamation ?

Retour sur un concept qui a mauvaise presse dans l'Hexagone mais que, finalement, on maîtrise peu. Tout d'abord, comprenons bien de quoi il s'agit. La cancel culture, ou la culture de l'annulation en français, est un concept importé des États-Unis à partir de 2010, grâce aux réseaux sociaux. Dans la même veine que le hashtag #balancetonporc, la cancel culture consiste à dénoncer publiquement une personnalité publique – issue de la sphère politique, médiatique, intellectuelle ou artistique –, ou des institutions – Sciences po, le milieu médical, la Nuit des César... – pour des comportements jugés sexistes, racistes, homophobes, etc. Elle est mobilisée par des militant·es féministes, LGBT+ et/ou antiracistes, qualifié·es de *woke*, qui luttent pour la défense des droits des populations minorisées, aussi appelées, les *underdogs*. Ces populations ont la particularité d'être tout en bas de l'échelle sociale et de subir une ou plusieurs discriminations à la fois, comme les précaires, les femmes, les handicapé·es, les racisé·es, bref tous celles et ceux qui n'ont pas eu la bonne idée de naître du bon côté du manche !

La cancel culture se fait le plus souvent via les médias sociaux. Une personnalité publique en dénonce une autre via un tweet, ou un internaute anonyme se saisit de ces réseaux pour dénoncer le comportement ou les propos d'un autre anonyme ou d'une personnalité. En dénonçant publiquement les actes ou discours répréhensibles de la personne, il s'agit d'inciter les lecteurices et les institutions à "annuler" la légitimité de la personnalité visée, c'est-à-dire à la pousser à son retrait de la scène publique. **Le but de cette démarche n'est pas de se "venger" mais d'utiliser la pression du nombre pour ne pas laisser impunis des comportements discriminatoires et espérer, ainsi, inverser le rapport de domination.** Car rappelons que dans nos sociétés les dominants, c'est-à-dire ceux qui ont le pouvoir, ne sont ni les antiracistes, ni les féministes, ni les précaires, mais les personnes privilégiées économiquement, racialement et « biologiquement », en résumé : des hommes blancs riches. Autrement dit, la cancel culture est l'arme des faibles, au sens de subalternes, de marginalisé·es, d'opprimé·es. Elle vise par des moyens à bas coût et relativement disponibles, comme les réseaux sociaux, à dénoncer des comportements répréhensibles restés cachés et impunis en raison des privilèges que possèdent leurs auteurs. C'est bien parce que certaines catégories sociales subissent des violences banalisées et naturalisées qu'elles mobilisent la cancel culture comme un moyen de renverser cette domination.

Alors que le combat pour plus de justice sociale devrait paraître noble, le concept de cancel culture – comme celui de woke, de féministe et d'antiraciste – reste en France très connoté négativement. Certains considèrent qu'*on ne peut plus rien dire*. Si « rien » signifie tenir des propos racistes, homophobes, sexistes ou validistes, alors d'une part, ce n'est pas *rien*; d'autre part, ce sont des délits punis par la loi; enfin, en dehors de la dimension légale, tout acte ou propos discriminant est moralement répréhensible. Il est vrai qu'on ne peut plus tenir des propos racistes, sexistes, homophobes ou validistes sans prendre le risque d'en subir les conséquences sous ses posts Instagram, et est-ce une mauvaise chose ? Beaucoup déplorent qu'on ne puisse plus se moquer des femmes, des gays, ou des Noir·es avec la même légèreté qu'il y a quelques années. Ils militent avec ferveur pour la préservation de leurs privilèges, parmi lesquels celui d'ajouter à la discrimination des populations minorisées l'opprobre de la méprise et de l'insulte dissimulées sous les traits d'un humour graveleux. Ils revendiquent ainsi leur droit d'exercer un racisme et un sexisme décomplexés, et celles et ceux qui s'y opposent sont taxé·es de censeur·es et d'intolérant·es. Qu'à cela ne tienne, **il va falloir choisir : arrêter les "blagues" offensantes – et autres imitations douteuses d'un accent supposément africain que beaucoup affectionnent tant – ou alors accepter de s'entendre dire que c'est raciste/sexiste sans jouer les offusqué·es.**

L'autre reproche adressé à la cancel culture, qui lui vaut mauvaise réputation, est celui de faire fi de la présomption d'innocence et d'avoir remplacé les tribunaux juridiques par le tribunal médiatique. On devrait ainsi attendre le verdict de la justice avant d'accuser publiquement ou d'écarter un homme de ses fonctions, ou mieux encore, avoir des preuves tangibles ou se taire à jamais (comme dirait Cardi B : *How convenient is that ?*). Or, dans le cas des viols par exemple, il n'existe que très rarement

des preuves matérielles considérées comme recevables, puisque 99 % des plaintes pour viol ne débouchent sur aucune condamnation. Dire aux femmes de ne rien dire avant que les tribunaux ne tranchent revient à les condamner à une double peine, celle du viol et celle de l'omerta. D'autant que même quand les faits sont reconnus par la personnalité en question – Gérald Darmanin qui admet avoir promis un HLM à une femme en échange de "faveurs" sexuelles, Polanski condamné pour pédophilie aux États-Unis, Lahaye et son "désir" pour les petites filles, etc. – il y a toujours une bonne raison de chercher à étouffer l'affaire.

La réalité, en France, c'est que les hommes qui ont été dénoncés n'ont jamais été *canceled* puisqu'ils sont toujours libres, qu'ils fassent l'objet d'une mise en examen ou non, et en poste. De même que les acteurs publics condamnés pour incitation à la haine raciale continuent de faire la tournée des plateaux télé et sont même candidats à la présidentielle. Comprenez alors que la peur de voir clouer au pilori de pauvres innocents est davantage un mythe, dont la diffusion permet à nouveau de condamner au silence les minorisé·es, qu'une réalité. C'est bien parce qu'il existe des dysfonctionnements de la justice et que la culture dominante reste trop clémente vis-à-vis des actes misogynes, homophobes, validistes ou racistes, que certain·es passent par les réseaux sociaux et cherchent à pratiquer la cancel culture. Celle-ci consiste précisément à tenter de contourner les mécanismes d'inertie et d'invisibilisation qui sont à l'œuvre dans la société. C'est en cela que la cancel culture est non seulement intelligente mais, surtout, nécessaire.

Par ailleurs, il ne s'agit pas non plus de détruire la culture ni de censurer des œuvres d'art ou des artistes. On est libre d'apprécier l'art et la culture, dès lors que l'œuvre ne fait pas la promotion de l'homophobie, du racisme ou encore de la pédophilie, qui sont des délits et des crimes sous couvert de vernis artistique, ou de rendre hommage à des personnalités historiques. Partant de là, il y a bien des façons de pratiquer la cancel culture. Cela peut consister à manifester devant les concerts de Bertrand Cantat pour lui faire savoir qu'on n'a pas oublié le crime commis ; partir d'une cérémonie des César quand un pédophile notoire est couronné de prix, surtout quand certaines de ses victimes se trouvent dans la salle ; commenter par milliers les posts Instagram d'une personnalité pour signifier que se "déguiser" en Noir·e, le *blackface*, ça ne passe pas ; faire des signalements en masse auprès du CSA pour dénoncer la tenue de propos discriminatoires à des heures de grande écoute, etc. En somme, **c'est exiger de façon collective le respect des populations minorisées qui composent la nation**.

En revanche, il ne doit jamais s'agir de harceler, d'insulter et de menacer la personne dénoncée. Et ce, même si l'envie d'insulter un homme qui a tué une femme, ou dont on sait ou soupçonne qu'il viole des enfants, reste après tout humaine – c'est bien plutôt l'envie d'applaudir et d'aduler des pédophiles notoires qui me paraît étrange. De même que l'envie d'en découdre avec une personne ouvertement raciste peut être tentante. Mais la cancel culture intelligente est celle qui se fait honneur et ne verse jamais dans le cyberharcèlement. Le but des activistes antiracistes et féministes est précisément celui d'aller vers une société plus juste et respectueuse de chacun·e.

En résumé, chaque personne est libre de faire usage, ou pas, de la cancel culture à sa façon et de s'investir comme elle le souhaite. Certain·es décideront de ne plus voir un artiste en concert, d'autres posteront un commentaire sous une publication considérée comme insultante, quand les plus militant·es iront manifester et signer des pétitions. Il n'y a pas de mode d'emploi pour la pratiquer, chacun·e s'arrange et s'ajuste à sa façon et avec sa conscience. Mais le point de départ de toute cancel culture, c'est l'indignation et la volonté de ne plus supporter un système qui promeut le sexisme et le racisme, qui maintient

au pouvoir des prédateurs et qui diabolise celles et ceux qui luttent contre des discriminations.
Je dirais donc qu'il est ainsi bien plus simple de faire de la cancel culture intelligente que de soutenir intelligemment des personnalités aux discours discriminatoires et des criminels, présumés ou avérés.

→ Pour aller plus loin

À écouter • La poudre #84 – *La cancel culture avec ContraPoints et Loretta Ross*, un podcast de Lauren Bastide (2020)
À écouter • Vénus s'épilait-elle la chatte ? #7 – *Picasso, séparer l'homme de l'artiste*, un podcast de Julie Beauzac (2021)
À écouter • Le tchip #08 – *Dr Kelly et Mr Robert*, un podcast de Mélanie Wanga, Kévi Donat et François Oulac (Binge Audio, 2019)
À voir • *The harder they fall*, un film de Jeymes Samuel (2021)
À voir • *Canceling*, une vidéo de ContraPoints (2020)
À lire • *Qui annule quoi ?*, un essai de Laure Murat (éd. du Seuil, 2022)

Remerciements

Et voici le moment des remerciements. C'est là généralement qu'on rend hommage à toutes celles et tous ceux sans qui cet ouvrage n'existerait pas. Et c'est d'autant plus vrai pour ce livre qui est une œuvre collective.

Merci déjà à vous qui l'avez acheté, en librairie ou via le crowdfunding. Sachez que votre engagement et votre fidélité à nos productions nous permettent de voir toujours plus loin.

Merci aux abonné·es de La Dose, la newsletter hebdomadaire de Binge Audio qui répond à toutes les questions que les auditeurices se posent et dont sont tirés les textes que vous venez de lire. Sans vous, qui nous avez fait confiance dès le début de ce projet et qui continuez de le faire, les trente textes de ce livre n'existeraient pas.

Merci à tous les auteurs et toutes les autrices qui ont accepté d'être publié·es dans ce livre, et merci aux autres qui se sont livré·es à cet exercice de style depuis fin 2020. Vous êtes quelque 80 désormais à nous avoir donné notre Dose hebdomadaire, et toutes vos productions sont précieuses pour nous.

Merci à toutes celles et tous ceux qui fabriquent La Dose chaque semaine. C'est un tour de force. Et tout particulièrement Charlotte Baix, chargée de production à Binge Audio et véritable âme de cette newsletter. Un merci tout particulier à Adel Itel el Madani, brillant réalisateur qui a beaucoup œuvré à la version audio de La Dose.

Merci à toute l'équipe de Binge Audio pour son soutien sans faille et son implication de chaque instant. Elle est toujours là quand on a besoin d'elle.

Merci à Karine Lanini, merveilleuse éditrice. Toujours juste, toujours exigeante, toujours enthousiaste. Et merci à Diane Milelli, assistante d'édition à Binge Audio, qui a géré avec esprit et efficacité la production de ce livre.

Merci à toutes et tous de continuer à vous poser des questions aussi pertinentes qui donnent des réponses aussi passionnantes.

David Carzon, directeur
de la rédaction de Binge Audio

Table des matières

***Les couilles sur la table*, un essai de Victoire Tuaillon (2019)**

Adapté du podcast phénomène, ce livre démontre que la masculinité est une construction sociale et qu'il faut la remettre en question si on veut atteindre une véritable égalité. Une synthèse indispensable de ce que l'on sait sur la virilité.

***Le cœur sur la table*, un essai de Victoire Tuaillon (2021)**

Adapté de la grande conversation collective lancée par Victoire Tuaillon dans le podcast éponyme, ce livre propose des analyses, des témoignages et des ressources pour mieux analyser les vieux schémas et les nouvelles pratiques qui émergent. Parce que l'amour, c'est une des façons de faire la révolution.

La collection sur la table

dirigée par Victoire Tuaillon

Des livres de référence pour celles et ceux qui s'intéressent au monde en train de changer

***Sortir de l'hétérosexualité*, un essai de Juliet Drouar (2021)**

Et si nous étions des personnes plutôt que des hommes et des femmes ?
Un manifeste pour une société égalitaire qui repense la manière de faire communauté, d'habiter, d'aimer, et de baiser sans sexisme.

***Révolution amoureuse. Pour en finir avec le mythe de l'amour romantique*, un essai de Coral Herrera Gómez traduit par Sophie Hofnung (2021)**

En 22 chapitres, des pistes très concrètes pour changer nos pratiques individuelles et collectives, afin de faire changer le monde à travers nos relations amoureuses.

LA COLLECTION SUR LA TABLE

***Désirer à tout prix*, un essai de Tal Madesta (2022)**

Un essai court et incisif sur la nécessité de se détacher de l'injonction à la jouissance sexuelle et au désir, et une invitation à célébrer d'autres formes d'amour qui n'ont pas besoin de sexualité pour exister.

***Faire famille autrement*, un essai de Gabrielle Richard (automne 2022)**

Regards sur une parentalité libérée des normes de genre et de sexualité. Cet essai propose de défaire les normes pesant sur la famille, en décentrant l'hétérosexualité pour observer la famille à travers de nouveaux prismes.

Co-éditions et partenariats

***Parler comme jamais*, un essai de Laélia Véron et Maria Candea (éd. Le Robert, en partenariat avec Binge Audio, 2021)**

Adapté du podcast de Laélia Véron et Maria Candea, ce livre démonte les clichés et s'élève contre les discours déclinistes pour défendre et illustrer une langue plurielle et vivante. Car il n'y a pas un français, mais des français.

***Kiffe ta race*, un essai de Rokhaya Diallo et Grace Ly (co-édition Binge Audio Éditions/First, 2022)**

Nommer le racisme pour œuvrer à sa déconstruction. Adapté du podcast de Rokhaya Diallo et Grace Ly, un livre qui fait bouger les lignes et qui bouscule la réflexion sans tabous.

***À la recherche de Jeanne*, une BD de Zazie Tavitian et Caroline Péron (éd. Calmann-Lévy Graphic, en partenariat avec Binge Audio, 2022)**

Un été, l'autrice Zazie Tavitian se lance dans une enquête familiale et gastronomique sur son aïeule Jeanne, déportée à Sobibór.
Un éclairage bouleversant sur la Shoah et sa transmission, magnifiquement mis en images par Caroline Péron.

Cet ouvrage a pu paraître grâce au soutien de toutes les personnes qui ont pré-commandé leur exemplaire en février 2022 sur Ulule.com :
ABGRALL Guillaume · ADOLPHE Dylan · AKA Thierry · AKPWEH Maeva · ALAUX Laurence · ALBARRAN Thomas · ALEXANDRE Christelle · ALEXANDRE Natan · ALLANTE Gabrielle · ALLAUZEN Anne-Eva · ALLIOT Thomas · ALLUCHON Laurianne · ALONSO Aida · Ama Illustratrice · AMARA Louisa · AMODRU Claire · AMZAI Hana · ANCIVAL Karl · ANGLEVIEL Eléna · ANTONIADIS Lise-Loup · ANZALONE Ludovic · AOUFI Wijdane · ARANDA Bleuenn · ARNOLD Héloïse · ARNOULD Etienne · ARSELIN Marina · ASSADA Juliette · ATTIA Vincent · AUBERGER Marine et Océane · AUBERTY Katherine · AUDIC François · AUGIS Aurélie · AULIARD Salomé · AURENCHE Baptiste · AUVRAY Émilie · AUXIS Marine · AYNIÉ Francoise · B Flore · BABOU Michael · BACH Katia · BADOT Christine · BAGEIN Guillaume · BALENCI Christine · BANNIER-GADRÉ Marie-Hélène · BANTEGNIE Emeline · BARBE Julie · BARBIER Caroline · BARBIN Paul · BARBOSA Margot · BARES Audrey · BARON-DUPENDANT Jeanne · BARRIÉ Léa · BASTID Guillaume · BASTIDE Yves · BASTIEN Sarah · BATAILLE Océane · BATALLAN Chloé · BATÔT Ayma · BATTOUR Delphine · BAUDRAS Gilles · BAUDRY Agathe · BAUDY Mathilde · BAZET Laurent · BAZIN Eva · BEAUDOIN Manon · BEAUDRU P.M. · BECHET Elodie · BECKER Clara · BEDU Lison · BEIGAS Marie · BEILLEVAIRE Simon · BELABED Linda · BELARBI Myriam · BELFIORE Karine · BELL Juliette · BELLEMIN Ingrid · BELLET Jean-Baptiste · BELLINO Relin · BENAC Jean-Baptiste · BENMANSOUR Yasmine · BENZEGHIBA BARRALLON Suzon · BERLIOZ Deborah · BERNARD Alban · BERNARDO Sabina · BERTHET DELTEIL Bryan · BERTHOLD Nina · BERTON Lucilia · BERTON-MORIM Lisa · BERTRAND Camille · BESANÇON Juliette · BESNIER Anaïs · BESSES Marine · BETACHET Julie · BEUZELIN Guillaume · BHASIN Sara · BIARD Kimi · BIDORFF Julie · BIGEY · Benjamin · BIHEL Quentin · BINAM Adrien · BINETRUY Paul · BIRELOZE Agnès · BIRKEMEYER Loris · BIRON Charlotte · BIRONNEAU Romain · BISSERIER Jérôme · BITARIHO Tanguy · BLANC Laura · BLANCHARD-MEDAERTS Jeanne · BLANCKAERT Justine · BLERIOT Ide · BLEY Sarah · BLONZ Hélène · BLUMENTAL Yael · BODDAERT Nathan · BODET FARAVEL Sabine · BOERI-CHARLES Gabrielle · BOH Benjamin · BONDIER Odile · BONFILS Camille · BONHOMME Laetitia · BONNAFOUS Elisa · BONNAUD Pierre-Marie · BONNEFONT Léa · BONNET Marie · BONNET Charlotte · BONNET Julien · BONNET Emmanuelle · BONNIN Chloé · BONTEMS Laetitia · BORDE Patrick · BORDET Charles · BOREUX Benoît · BORNOT Aurélie · BOSSARD Héloïse · BOSSERT Hanae · BOUCHARD Yoan · BOUCHAUD-LEDUC Antoine · BOUCHER Laure · BOUCHEROT Alexandre · BOUFFARD Jennifer · BOUGEARD Cha · BOUQUET Kathleen · BOURDAT Guillaume · BOURDIER Chloé · BOURGOIN Maud · BOURGOIS Aurore · BOURGUILLEAU Mélissa · BOUTARD Louise · BOUTET Jean-Marie · BOUTILLIER Christophe · BOUVART Margaux · BOUVATTIER Margaux · BOUYER Rony · BOUZANQUET Camille · BOYER Eva · BRACHET Pascale · BRACONNIER Lucie · BRAY Geraldine · BREDIN Lucie · BRETAULT Emilie · BRIAND Florian · BRIDEL Mikael · BRIÈRE Camille et Maxime · BRILLET Julie · BRODU Damien · BROUDER Christian · BROUZES Hervé · BRUCHER Laetitia · BRUYÈRE Julie · BULINGE Fanny · BUREL Pauline et Mathieu · BURGARD Lena · BURLOT Pauline · BURTIN Sophie · C-Moi Vanessa · CABANETTES Mathilde · CADIC Maud · CADILHAC Catherine · CADOUX Marion · CAILLEUX Mathilde · CALANDREAU Alani · CALLET Stéphanie · CALOZ Melissa · CALVÈS Céline · CAMBON Marine · CAMPOURCY Marie · CAMUS Morgane · CANONNE Justine · CANU Ophélie · CARADEC Lucille · CARLOT JABER Sarah · CARZON David · CASADESUS Raphaël · CASTELLO Sabrina · CASTILLO Marion · CATHELAND Manon · CATREUX Camille · CAUVET Camille · CAVAGNA Clem · CAYZAC Franck · CAZASSUS Anais · Celinelqe · CEILLIER Tugdual · CELLIER Amélie · CENZANO Marie · CESARIO Laure · CHAIX Manon · CHALIMON Orane · CHAMBARD Loïc · CHAMBERT-LOIR Antoine · CHANGENET Alexandre · CHAPUIS Joanne · CHAPUT Guillaume · CHARAVERT Mélanie · CHARBONNIER Chloé · CHARCOSSET Amélie · CHARRIER Rémi · CHATEAU Emeline · CHATENOUD Noémie · CHEBBOUB Alizée · CHEBLI Denia · CHÉNÉ Anne-Sophie · CHERIKH Leila · CHEVRIER Boris · CHOK Lorraine · CHOPART Julie · CHRISOSTOME Maïder · CHRISTEN Cécile · CISSOKHO Dieynaba · CLERFEUILLE Florence · CLOOTENS Benjamin · CLOYE Julie · COLLAS Stéphanie · COLLENOT Mathieu · COLLIAT Perrine · CONIGLIO Aurelia · CORDIER Nathalie · CORNELIS Noémie · CORNOU Morgane · CORNU LE THOMAS Elise · CORUBOLO Charline · CORVO Elsa · COSTIOU Angèle · COSTON Zoé · COTTIN François-Xavier · COTTREZ Charlotte · COUÉ Marine · COURATIER-BOUIS Clotilde · COURBETTE Lisa · COURT Mélissa · COUVREUR Stéphanie · CRAUSAZ Aurelie · CRÉGUT Sylvain · CREMIEUX Anne · CRENN Laurence · CREPIN Amélien · CREUX Sophie · CROZEMARIE Natacha · D'HARCOURT Amélie · D'ONCIEU Agnès · DA CRUZ Amélie · DALLARA Mélanie · DAMIAN Anne · DANIEL Cédric · DANSAUT Alice · DARBELLAY Chloé · DARCHE Céline · DARMON Sarah · DARRAS Elodie · DASSÉ Marie · DAUBAN Lise · DAVID Jean-Nicolas · DE BORTOLI Mathilde · DE CARVALHO Laura · DE GOËR Maude · DE JONG Loïc · DE KERANGAL Alice · DE LA BAUME Sylvia · DE SEZE Maëlle · DEBAERE Justine · DECELLE Aude · DECKER Cloé · DECLERCK Elisa · DEFOURNY Alex · DEHAËNE Gaëtan · DELABAR Violaine · DELAEY Caroline · DELCAMP-RISSE Savannah · DELEUZE Hélène · DELHAISE Anthony · DELOBEL Antoine · DELORT Anne · DEMARD Emilie · DEMEESTÈRE Victoire · DEMEOCQ Eve · DEMICHELIS Sonia · DEMOCLES Léna · DENÈLE Célestine · DÉPÉE Thomas · DEREGNAUCOURT Arthur · DERET Emilie · DEROUET Ninon · DERRAGUI Dounia · DES DORIDES Alison · DÉSAGE Lydie · DESCHAMPS Berangere · DESERT Anais · DESPONT Adrien · DEWEZ Amélie · DEZOUTTER Audrey · Dfaliez · DIDERON Anne · DIDIER Hélène · DIDIER URVOAS Allison · DIEUMEGARD Tiphaine · DIGARD Louise · DILHAN Lucie · DILLMANN Sibylle · DINDAULT Chloé · DISCAZAUX-DOILLON Manon · DOHIN Julie · DOL Marie · DONADIO Elsa · DONDI Margherita · DONNAY Lara · DONNENFELD Mathilde · DOUCHEMENT Oriane · DOUKHAN Jean · DOUR Julie · DRAKIDES Viviane · DREYER Albane · DRIEU Coralie · DROSSART Sixtine · DRUART Bertille · DUBARIE Laurence · DUBOIS Aurélia · DUBOIS Maëlle · DUCHEMIN Auriane · DUCLOS Agathe · DUFRESNE Gabriel · DULIÈRE Aurélie · DUMONT Audrey · DUPONT Franch · DUPORTAIL Judith · DURAND Nadège · DURAND Marie · DUTOIT Jérémie · DUVAL Vanida · DUVAL Charlotte · DUVAL-THIBAULT Enora · DUVIGNACQ Louis · EBER Clémence · EBRARD Charlotte · EBRARD Camille · ECHAUDEMAISON Alexandre · ED-DOUMI Adam · EFFANTIN Anouchka · EL GOUL Fadoua · ELEZAJ Lirëza · EMMA Julia · ENNESSER Stéphanie · ESPINOSA Francisco · ESQUINA Amiria · ETIENNE Alexis · ETIEVANT Sebastien · Eulalie75 · EVRARD Céliane · EVRARD José · FABIANI Eddie · FABRE Éléonore · FABRELLOA Jordi · FAROCHE Angélique · FARRÉ Céline · FAUBERT Frédéric · FAUCHARD Anne · FAUCONNET Delphine · FAUQUETTE Pierre · FAVELIER Nicolas · FEIGENBAUM Jan · FÉLIX Anaïs · FELTESSE-TAPINOS Zoé · FENOUX Manon · FERNANDEZ LOJO Nil · FERRÉ SENTIS Tatiana · FERRIOL Sylvain · FILLOD Emilie · FINIDORI Céline · FINIDORI Julie · FISCHER-SIMBAR Brendan · FLEURY Paul · FLORES-ROSALES Charles et Charlotte · FONTAINE Adeline · FONTAINE Tamara · FORKERT Kirsten · FORSTER Rébecca · FORT Agathe · FORTIN Frédérique · FOUBERT Clara · FOUCART Romain · FOURNIER Anne · FOURNIER Julien · FRADET Noemie · FRANCHINI Gautier · FRANCK Geraldine · FRANÇOIS Aline · FRANÇOIS Anne-Flore · FRANQUET Maxime · FREROT Marine · FRESON Myriam · FREUDENTHAL Sébastien et Camille · FRIEDLI Stéphanie · FRUCHART Elise · FRYDMAN Léa · FUCHS Carine · FUENTE Romane · GABOREL Guillaume · GADAFI Salomé · GAGO-CHIDAINE Victor · GALLANDAT Théo · GALLIOU Alice · GALLOIS Laure · GAMA Alan · GAMARD Charlotte · GARATE Monik · GARDERES Marion · GARDETTE Clémence · GARDON Nicolas · GARNIER Ju · GATESOUPE Marie · GATESOUPE Mélissa · GATINE Ophélie · GAUDELUS Sébastien · GAUJACQ Fanny · GAUTSCHI Yann · GAYDOU Sylvain · GEALAGEASG Leslie · GELIN Valentine · GERMAIN Eloïse · GIACOMELLO Flora · GICQUEL Loreleï · GICQUEL Morgann · GILLE Marie · GILLES Solenne · GILLON Alexandra · GINESTET Valérie · GIRARDIN Diane · GIRAULT Gabrielle · GIRAULT Benoit · GIRKA Claire · GIROT Gabrielle · GLUTRON Corentin · GOBET Jocelyn · GOFFENEY Amandine · GOLETTI Olivier · GOMES Priscilla · GONTARD Nolwenn · GOOD Maureen · GOREUX Lara · GOUGEON RESCAN Maïwenn · GOURAUD Joelle · GOUVERNEUR Emma · GRANET Melina · GRANGE Léa · GRANGE Alexis · GRASSET Ophélie · GRAVOUIL Claire · GROSSE Julie · GRUSSAUTE Helene · GUEFFIER Vincent · GUERICOLAS Bernard · GUIBERT Claire · GUICHERD Marie · GUILLOU Marie · GUINET Florianne · GUIRAMAND Janique · GUYONNET Yoann · GUYOT Anna · HAESSLEIN Jeremie · HAFFNER Maud · HAINAUT Benjamin · HAINAUT Florence · HAINAUT BAERTSOEN Jean-Luc et Nelle · HALLEUX Amélie · HALOPEAU Camille · HAMACHE Fabien · HAMMER Caroline · HARDEBOLLE Pauline · HARNOYS-VANNIER Brendan · HAZAN Corinne · HÉAS Lilou · HELD Emilien · HELLEBOID Charlène · HENNEBO Gwladys · HENRY Sandrine · HENRY Sherilyn · HERLUISON-BOUNHOURE Léa · HERTOUT Ethel · HILAIRE Candice · HILD Gaelle · HOAREAU Alice · HORNECKER Cyril · HOSPITAL Vinciane · HOSTE Adeline · HOUSSIN Nikita · HURTAUD Felix · HYENE Adri · IACHELLA Mathilde · IHMLE Delphine · ISSENCHMIDT Maria · JACOT-DESCOMBES Sarah · JACQUES Cécile · JACQUES Alex · Jacquesson Séverine · JACQUIER Léa · JADOT John · JAMET Pierre · JAMMET Hugo · JARNIER Emilie · JAUGER Mathieu · JAUREGUI Léa · JAUZION Catherine · JEAN-ALBERT Louise · JEANBLANC Diane · JEANMART René · JEGOUZEAU Orane · JENASTE Elsa · JENATTON Stan · JESTER Michelle · JEUNIER Amélie · JIMENEZ

Héléna · JIMENEZ Cécile · JOLIBOIS Camille · JOLIVET Rafaëlle · JOLY Gabrielle · JOSEF Jacques · JOURNOUD Dominique · JOUSSERAND Eric · JUILLARD Vincent · KAPETANOVIC Nikola · KARGUL Anne-Lucie · KAUFMANN Nadine· KEÏTA Jeanne · KERAVAL Karine · KERLEAU Suzanne · KERLEO Anaïs · KERMASSON Tatiana et Gaëtan · KERSANTE Thierry · KESSAÏ Aurore · KILL Marie · KMIECIK Elsa · KOUCHNER Camille · KOTZKI Maud · KRAKOWSKI Vincent · KRICHEL isaline · KRICHEL Alice · LABETA William · LABOURE Oceane · LACAUSSAGUE Thomas · LACOMBE Maëlle Lucas · LAFFINEUR Clara · LAFONTAINE Coline · LAFONTAINE Xavier · LAGES Maxence · LAGNY Blanche · LAGO Isis · LAGRANGE Jean-François · LAIZIER Claire · LAMART Thibault · LAMBERT Nathalie · LANGE Caroline · LANGUILLIER Fanny · LANNOY Mathieu · LANSSENS Camille · LAOUENAN-HUON Clarisse · LAPLACE Rémi · LAPORTE Raphaëlle · LAPORTE Cécile · LARGY Justine · LARLET David · LARQUETOUX Matthieu · LARRANDART Alice · LARROUTUROU Pierre-Emmanuel · LASCOMBE Maxence · LASSOURREUILLE Marine · LATTUCA Luigi · LAUNAY Guillaume · LAURENT Manon · LAURENTI Afra · LAVIEILLE Géraldine · LE BEC Morgan · LE BEC Marine · LE BLANC Noé · LE FOLL Alice · LE GUIRRIEC Christine · LE LAY Malaurie · LE LU Constance · LE MAITRE Aurélie · LEMANG Mathilde · LE MEYEC Floriane · LE MORVAN Louise · LE PENNEC Guillaume · LE QUELLEC Jean-Loïc · LE QUÉRÉ Olivia · LE ROY Riwan · LE VAN Cécile · LEBREF Pierre · LEBRETON Alexandre · LECHAT Maurice · LECLERC Célia · LECLERC Sarah · LECLERCQ Emilie · LECLERCQ Jean-Baptiste · LECOCQ Avril · LECOMTE Simon · LECOMTE Léa · LEDIG Sarah · LEDUC Camille · LEFEVRE Gildas et Carole · LEFOUL Eglantine · LEGER Delphine · LEGRAND Agathe · LEHUÉDÉ Solène · LEJEUNE Louise · LEJOLY Kelly · LEKEUX Lauren· LELEU Léonore · LELOUP Stéphanie · LEMAIRE Clémentine · LEMBACHAR Rabab · LEMER Natacha · LEMERCIER Mélanie · LENOIR Maïtané · LEPICIER Véronique · LEPREUX Pauline · LERAY Mélissa · LEROUX Delphy · LEROUX Enora · LESIRE Caroline · LETERRIER Adalays · LETIST Lisa-Luna · LEVEAU Clémence · LEVEQUE Alexandra · LÉVÊQUE Tom · LÉVÊQUE Nathan · LI Caroline · LIMAGNE Caroline · LIVARTOWSKI Juliette · LIVRONSNOUS Sarah · LOCATELLI Elisa · LOCHE Xavier · LOGET Héloïse · LOHÉ Frédérique · LONG Anne-Marie · LOPEZ Constanza · LOPEZ Clara · LORÉE Julie · LORSIGNOL Marina · LOSPITALIER Loïc · LOSSON Mathieu · LOTH Louise · LOUET Mathilde · LOUF Sophie · LUCAS Rachel · LUCAS Emeline · LUGAND Agnès · LUMBROSO Sylvain · LUQUET Clarisse · LUSSIEZ Michael · M'BODJI Adama et Hawa · MACEROT Rosalie · MADEC Danaé · MAEDER Raphaël · MAHDAOUI Mimouna · MAI Marie-Claire · MAILLET Nicolas · MAITRE Melissa · MALBREIL Adele · MALIAR Susy · MALOISEL Corinne · MANACH Morgane · MANGAN David · MANGENOT Alexis · MANISCALCO Philippe · MANTONI Vittoria · MAO Marianne · MARC Gaëlle · MARCHAND Flavien · MARGRIT Simon · MARION Léa · MARNE Océane · MARSOT Charlotte · MARSOTTO Meghann · MARTERER Judikaelle · MARTIN Victoria · MARTIN Frédérique · MARTIN Hazel · MARTIN Elise · MARTIN-JOLLY Anaëlle · MARTINEZ Kelly · MARTINIAULT Corentin · MARTINS Sarah · MASSON Clémentine · MASSON Mathieu · MATHEY Valentine · MATHONNIERE Elodie · MATHY Laure · MATON Solenn · MAURE Julie · MAURICE Muriel · MAUTUIT Thibaud · MAYNAU Adrien · MCDONALD S. D. · MEGE-REVIL Elisabeth · MEILLER Marie · MEILLER Alice · MELODIA François · MENDES Emilie · MERCIER Jeanne · MERIGOT DE TREIGNY Jeanne · MERLE Cerise · MERTINS Géraldine · MESNIL Camille · MESSINE Mona · MEZIANI Laure · MICHALOT Gwenahelle · MICHAUDEL Chloé · MICHEL Béatrice · MICHENAUD Anne · MIELCAREK Lola · MIRA Carine · MISCHLER Isabelle · MOIGN Roxane · MOISY Manon · MONCOMBLE Aurélien · MONNET Trankilcombaptiste · MORAND Myriam · MORAND Kevin · MORAND Prisca · MOREAU Nina · MOREAU Julie · MOREAU Emmanuelle · MOREL Lise · MORELLI Line · MORLA FERNANDEZ Carlos · MORTAGNE Pauline · MORTAGNE Muse · MORVAN Jean-François · MOTAIS DE NARBONNE Bérénice · MOURONVAL Amélie · MOY Jonathan · MUHEIM Johanna · MULCZYK-SKARZYNSKI Jacek · MULET-MARQUIS Céline · MULLER Laura · MUNIER Tiffany · MUSIEDLAK Yoann · MUZARD Camille · N'DIAYE Mame-Maurice · N'DIAYE Aïda · NAHAS Mona · NAHAS Noor · NAIL Guillaume · NAMECHE Loïc · NDONGO OBAMA Anastasie · NEAGU Alexandre · NGUYEN Sophie · NICOL Valérie · NICOLAS Marianne · NICOLAS Louison · NICOLI ALDINI Enrica · NIGAY EMELINE · NIGRON RIVAL Naomi · NININ Alice · NOEL Lucie · NOIR Amélie · NOTARIANNI Laura · NOUAR Marion · NZHAOU OZENGA Doriane · OGER Anne · OLA-DAVIES Balogun · OLIVEREAU Lucie · OLLINGER Vincent · OLLIVIER Marion · OLLIVIER Maxime · ORGERET Diane · ORTIZ Anais · OUELLETTE Geneviève · OURMIAH Patricia · PACE Vernon · PAGES Arnaud · PALOMARES Aurélien · PANDINI Carlo · PANESE Luca · PANNETIER Joéva · PAPGRE Lisa · PAPILLON Violaine · PARAIRE JAUBERT Morgane · PARET Sébastien · PARIS Marion · PARISOT Thomas · PASCAL Timothée · PATTYN Flore · PATY Raphaëlle · PECH Lucile · PECKEL Sophie · PEDRALI Célia · PEDROCCHI Carmen · PENICAUD Hélène · PEREZ Géraldine · PEREZ Bastien · PEREZ TISSERANT Emmanuelle et Alexandre · PEROTTET Lise · PERRIN Clémence · PERRIN Guillaume · PERRIN Camille · PERRIN-PREVELLE Anaïs · PERROT Steve · PERSET Marie · PESESSE Aline · PESSETE Benjamin · PETILLON Pierre · PETIT Naho · PETIT Amandine · PETRAZ Matthieu · PETRE Steph · PETTERSON Jennifer · PEYRON Camille · PEYSALE Yannick · PHILIPPON Laure · PHILIPPOT Antoine · PICARD LAPALUS Amandine · PICOT Luc · PIDOUX Flora · PIERRE Marine · PINARD Amandine · PINGUET Jérémie · PINOT Louison · PIOLET Thomas · PIRAUD Mischa · PIVETEAU Amélie · PLASSART Lucie · PLAUD Annabelle · PLUMAT Jérome · POIROT Julie · POIROT Aurélien · POITIERS Samuel · PONTET Oriane · POQUET Solange · PORCILE Marie · PORHEL Colin · POTIER Simon · POTTIER CASADO Elsa · POUCHOL Basile · POUILHE Inès · POULIQUEN Marie · POURCHET Antoine · POVEDA Marie Charlotte · PRADOUX Marion · PROT Isabelle · PRZYMENSKI Mathilde · PUCHERCOS Elise · PULCE Marion · QUARDEL Celia · QUEMENER Kilian · QUENTIN-MARGNOUX Alix · RABENANDRASANA Ronnie Heritiana · RADOCH Florence · RAGUIN Chloé · RAIMBOURG Mathieu · Ranaivo Aina · RATINAUD Michael · RAULINE Gaston · RAULT Mattéo · RAVENEL Pierre · RAYNAUD Christophe · RAZAFINARIVO Elodie · REAU Johanna · REBORA Alix · RECEVEUR Apolline · REGNAULT Romane · REMY Benjamin · REMY Paul · RÉMY Philippe · RENAUDEAU Marine · RENAULT Alice · RENDERS Daphné · RIESS Melanie · RIEUNIER Camille · RIVET Coline · RIVIÈRE Lilian · RIVIÈRES Florence · RIVOIRE Clémence · RIZZA Maryse · ROBERT Caroline · ROCHE Solenn · ROCOURT Thomas · RODIER François · RODRIGUEZ Antoine · RODRIGUEZ Anabel · RODRIGUEZ FUENTES Anna · ROELOFS Nausicaa · ROMANILLOS Isabelle · RONDEL Julie · RONEZ Joel · ROQUES Valentine · ROSARIO Manon · ROTHENBERG Agnès · ROUCAU Baptiste · ROUET Étienne · ROUGERIE Florence · ROUILLER Pauline · ROULIN Lorène · ROURE Stéphanie · ROUSSALY Alix · ROUSSEL Thomas · ROUSTIDE Amélie · ROY Camille · ROY Sophie · ROZEC Thomas · SADZOT Patricia · SALMON Dorothéee · SALVADORI Claire · SAMBLANCAT Léa · SAMSON Clarisse · SAUVADET Carole · SAUZE Guillaume · SAVORI Victor · SCHAPIRA Boris · SCHIRCH Laetitia · SCHLUPP Benoit · SCHNEIDER Laura · SCHNEIDER-DAUTREY Héloïse · SCHOORMAN Nicolas · SCHOULEUR Ludivine · SCHULTZ Jean-Maximilien · SCHURR Marion · SCHWEIGER Mathilde · SCHWOEHRER Estelle · SCIARAWanda · SECHER Jules · SÉJALLON Aurélie · SENDEN Morgane · SERRIERE Christophe · SERTELON Romain · SIEGRIST Romy · SILVESTRE Magali · SIMON Kenny · SIMON Agathe · SINGER Théo · SIRMEL Adeline · SMAGGHE Mathieu · SMEDILE Anne · SOICHOT Marine · SOTO SCHUTZ Mariana · SOUCHET Basile · SOURDILLE Claire · STEBEL Anne-Julia · STEGMULLER Sarah · STEINBERG Karine · STEVENS France · STOBIERSKI Clémence · STOCKWELL Alice · STONE Pete · STRUYF Coline · SUEUR Catherine · SWALI Samia · SYLVIE Léonard · TALHOUK Juliette · TANDABANY Sattisvar · TAPIA Inès · TAUSSAC-GILAIN Aude · TAUVEL Lucile · TAVEAU Valentin · TEJEDO Jules · TERRIEN Arslan · TERRIER Coralie · TESSON Cécile · TEXIER Amandine · THÉRON Eva · THIEBOLD Victor · THIEMONGE Ming Ming · THOMAS Wilk · THOMAS Emilie · THOMAS Inao · THOUMINE Elen · THOUY Emeline · THUAU Alixia · THUONG Loan · THÜRLER Shaïman · TILLIER Margot · TINTINNABULE Sandra · TISSERANT Alexandre · TOCQUEVILLE Emma · TOUITON Floriane · TRABACCHI Lise · TRAN David Bao-Loc · TRAN CHASSEDIEU Phuong · TRAPATEAU Mélanie · TRAPATEAU Julien · TRAVOT Guillaume · TUAILLON Victoire · TUDOCE Salome · TULIN Lucile · TURBAN Laura · TUSEVO Elodie · UZAN Adèle · VACHER Johann · VALENCHON Mathilde · VALLE Anais · VALOJITCH Aurore · VAN CAELENBERG Quentin · VANDECANDELAERE Marie · VANDENDORPE Jeanne · VANDERBEKEN Constance · VANDERMUNTERT Charline · VAQUER Laurie · VASCONEZ Denisse · VAUTHIER Julie · VAUTHIER Brice · VELTEN-JAMESON Gabrielle · VERBEKE Marine · VERBEKE Romain VERDURAND Agnès · VERGIER Jean-Francois · VERLOOVEN Ophélie · VESSAZ Alix · VIALLET Emma · VIEILLESCAZES Marlène · VIEILLEVIGNE Jennyfer · VIEIRA Nathalie · VIGNEAUD Noëmie · VIGNERON Camille · VIGNERON Gaylord · VIGNES Fabien · VIGOUROUX Orianne · VIGUIÉ Marie Noéline · VILAIN Chloé · VILLATTE Gaelle · VILLEMIN Samuel · VINCENT Solène · VIOLLET Joséphine · VISSUZAINE Anne · VITOUX Marie · VOGEL Lara · VOISIN Margot · VOLA Florent · VOLAIT Matthieu · VRANKEN Boris · VRECH Margaux · VRINS Laurent · WAPLER Noémie · WEBER Nathalie · WEBSTER Lucy · WECK-DE TERRIS Blandine · WENCKER Julia · WIDLOCHER Laura ·WILBAUX Sophie · WILLAERT Florence · WILLEM Wendy · WILLIEME Dominique · WOLFF Manon · YANEZ Romane · ZACHMANN Anna · ZAMBRANO Eduardo · ZARATE RUBIO Dulce · ZBORALSKI Antoine · ZON Laurie · ZUFFEREY Adèle. **Merci à elles.**

Achevé d'imprimer en mai 2022, en Vendée, par Imprimerie Offset 5 Éditions.
Dépôt légal : mai 2022